VORWORT

Die Sammlung "Alles wird gut!" von T&P Books ist für Menschen, die für Tourismus und Geschäftsreisen ins Ausland reisen. Die Sprachführer beinhalten, was am wichtigsten ist - die Grundlagen für eine grundlegende Kommunikation. Dies ist eine unverzichtbare Reihe von Sätzen um zu "überleben", während Sie im Ausland sind.

Dieser Sprachführer wird Ihnen in den meisten Fällen helfen, in denen Sie etwas fragen müssen, Richtungsangaben benötigen, wissen wollen wie viel etwas kostet usw. Es kann auch schwierige Kommunikationssituationen lösen, bei denen Gesten einfach nicht hilfreich sind.

Dieses Buch beinhaltet viele Sätze, die nach den wichtigsten Themen gruppiert wurden. Ein separater Teil des Buches bietet auch ein kleines Wörterbuch mit mehr als 1.500 wichtigen und nützlichen Wörtern. Das Wörterbuch beinhaltet eine praktische Transkription jedes Fremdworts.

Nehmen Sie den "Alles wird gut" Sprachführer mit Ihnen auf die Reise und Sie werden einen unersetzlichen Begleiter haben, der Ihnen helfen wird, Ihren Weg aus jeder Situation zu finden und Ihnen beibringen wird keine Angst beim Sprechen mit Ausländern zu haben.

INHALTSVERZEICHNIS

T&P Books Publishing

Reisesprachführersammlung
"Alles wird gut!"

T&P Books Publishing

SPRACHFÜHRER

— FINNISCH —

Die nützlichsten Wörter und Sätze

Dieser Sprachführer beinhaltet die häufigsten Sätze und Fragen, die für die grundlegende Kommunikation mit Ausländern benötigt wird

Andrey Taranov

T&P BOOKS

Sprachführer + Wörterbuch mit 1500 Wörtern

Sprachführer Deutsch-Finnisch und Kompaktwörterbuch mit 1500 Wörtern

Von Andrey Taranov

Die Sammlung "Alles wird gut!" von T&P Books ist für Menschen, die für Tourismus und Geschäftsreisen ins Ausland reisen. Die Sprachführer beinhalten, was am wichtigsten ist - die Grundlagen für eine grundlegende Kommunikation. Dies ist eine unverzichtbare Reihe von Sätzen um zu "überleben", während Sie im Ausland sind.

Ein weiterer Teil des Buches bietet auch ein kleines Wörterbuch mit über 1.500 alphabetisch angeordneten, nützlichen Wörtern. Das Wörterbuch beinhaltet viele gastronomische Begriffe und wird Ihnen hilfreich bei der Bestellung von Essen in einem Restaurant oder beim Kauf von Lebensmitteln im Lebensmittelgeschäft sein.

T&P Books Publishing
www.tpbooks.com

ISBN: 978-1-78492-490-4

Dieses Buch ist auch im E-Book Format erhältlich.
Besuchen Sie uns auch auf www.tpbooks.com oder auf einer der bedeutenden Buchhandlungen online.

AUSSPRACHE

T&P phonetisches Alphabet	Finnisch Beispiel	Deutsch Beispiel
[·]	juomalasi [juoma·lasi]	Mittelpunkt
[ː]	aalto [aːlto]	Längezeichen

Vokale

[ɑ]	hakata [hɑkɑtɑ]	schwarz
[e]	ensi [ensi]	Pferde
[i]	musiikki [musiːkki]	ihr, finden
[o]	filosofi [filosofi]	orange
[u]	peruna [peruna]	kurz
[ø]	keittiö [kejttiø]	können
[æ]	määrä [mæːræ]	ärgern
[y]	Bryssel [bryssel]	über, dünn

Konsonanten

[b]	banaani [bɑnɑːni]	Brille
[d]	odottaa [odottɑː]	Detektiv
[ʤ]	Kambodža [kɑmbodʒɑ]	Kambodscha
[f]	farkut [fɑrkut]	fünf
[g]	jooga [joːgɑ]	gelb
[j]	suojatie [suojɑtæ]	Jacke
[h]	ohra [ohrɑ]	brauchbar
[ɦ]	jauhot [jɑuɦot]	Hypnose
[k]	nokkia [nokkiɑ]	Kalender
[l]	leveä [leʋeæ]	Juli
[m]	moottori [moːttori]	Mitte
[n]	nainen [nɑjnen]	nicht
[ŋ]	ankkuri [ɑŋkkuri]	Känguru
[p]	pelko [pelko]	Polizei
[r]	raketti [rɑketti]	richtig
[s]	sarastus [sɑrɑstus]	sein
[t]	tattari [tɑttɑri]	still
[ʋ]	luvata [luʋɑtɑ]	Invalide
[ʃ]	šakki [ʃɑkki]	Chance

T&P phonetisches Alphabet	Finnisch Beispiel	Deutsch Beispiel
[ʧ]	**Chile** [ʧile]	Matsch
[z]	**kazakki** [kɑzɑkki]	sein

LISTE DER ABKÜRZUNGEN

Deutsch. Abkürzungen

Adj	-	Adjektiv
Adv	-	Adverb
Amtsspr.	-	Amtssprache
f	-	Femininum
f, n	-	Femininum, Neutrum
Fem.	-	Femininum
m	-	Maskulinum
m, f	-	Maskulinum, Femininum
m, n	-	Maskulinum, Neutrum
Mask.	-	Maskulinum
n	-	Neutrum
pl	-	Plural
Sg.	-	Singular
ugs.	-	umgangssprachlich
unzähl.	-	unzählbar
usw.	-	und so weiter
v mod	-	Modalverb
vi	-	intransitives Verb
vi, vt	-	intransitives, transitives Verb
vt	-	transitives Verb
zähl.	-	zählbar
z.B.	-	zum Beispiel

T&P BOOKS

FINNISCHER SPRACHFÜHRER

Dieser Teil beinhaltet wichtige Sätze, die sich in verschiedenen realen Situationen als nützlich erweisen können.
Der Sprachführer wird Ihnen dabei helfen nach dem Weg zu fragen, einen Preis zu klären, Tickets zu kaufen und Essen in einem Restaurant zu bestellen.

T&P Books Publishing

INHALT SPRACHFÜHRER

T&P Books Publishing

Das absolute Minimum

Entschuldigen Sie bitte, …	**Anteeksi, …** [ɑnteːksi, …]
Hallo.	**Hei.** [hej]
Danke.	**Kiitos.** [kiːtos]
Auf Wiedersehen.	**Näkemiin.** [næҝemiːn]
Ja.	**Kyllä.** [kyllæ]
Nein.	**Ei.** [ej]
Ich weiß nicht.	**En tiedä.** [en tiedæ]
Wo? | Wohin? | Wann?	**Missä? | Minne? | Milloin?** [missæ? | minne? | millojn?]

Ich brauche …	**Tarvitsen …** [tɑrʋitsen …]
Ich möchte …	**Haluan …** [hɑluɑn …]
Haben Sie …?	**Onko sinulla …?** [oŋko sinulla …?]
Gibt es hier …?	**Onko täällä …?** [oŋko tæːllæ …?]
Kann ich …?	**Voinko …?** [ʋojŋko …?]
Bitte (anfragen)	**…, kiitos** […, kiːtos]

Ich suche …	**Etsin …** [etsin …]
die Toilette	**WC** [ʋese]
den Geldautomat	**pankkiautomaatti** [pɑŋkki·ɑutomɑːtti]
die Apotheke	**apteekki** [ɑpteːkki]
das Krankenhaus	**sairaala** [sɑjrɑːlɑ]
die Polizeistation	**poliisiasema** [poliːsi·ɑsemɑ]
die U-Bahn	**metro** [metro]

das Taxi	**taksi** [tɑksi]
den Bahnhof	**rautatieasema** [rɑutɑtie·ɑsemɑ]
Ich heiße …	**Nimeni on …** [nimeni on …]
Wie heißen Sie?	**Mikä sinun nimesi on?** [mikæ sinun nimesi on?]
Helfen Sie mir bitte.	**Voisitko auttaa minua?** [ʋojsitko ɑuttɑ: minuɑ?]
Ich habe ein Problem.	**Minulla on ongelma.** [minullɑ on oŋelmɑ]
Mir ist schlecht.	**En voi hyvin.** [en ʋoj hyʋin]
Rufen Sie einen Krankenwagen!	**Soita ambulanssi!** [sojtɑ ɑmbulɑnssi!]
Darf ich telefonieren?	**Voisinko soittaa?** [ʋojsiŋko sojttɑ:?]
Entschuldigung.	**Olen pahoillani.** [olen pɑhojllɑni]
Keine Ursache.	**Ole hyvä.** [ole hyʋæ]
ich	**minä | mä** [minæ | mæ]
du	**sinä | sä** [sinæ | sæ]
er	**hän | se** [hæn | se]
sie	**hän | se** [hæn | se]
sie (Pl, Mask.)	**he | ne** [he | ne]
sie (Pl, Fem.)	**he | ne** [he | ne]
wir	**me** [me]
ihr	**te** [te]
Sie	**sinä** [sinæ]
EINGANG	**SISÄÄN** [sisæ:n]
AUSGANG	**ULOS** [ulos]
AUßER BETRIEB	**EPÄKUNNOSSA** [epækunnossɑ]
GESCHLOSSEN	**SULJETTU** [suljettu]

OFFEN

AVOIN
[avojn]

FÜR DAMEN

NAISILLE
[najsille]

FÜR HERREN

MIEHILLE
[miehille]

Fragen

Wo?	**Missä?** [missæ?]
Wohin?	**Mihin?** [mihin?]
Woher?	**Mistä?** [mistæ?]
Warum?	**Miksi?** [miksi?]
Wozu?	**Mistä syystä?** [mistæ syːstæ?]
Wann?	**Milloin?** [millojn?]

Wie lange?	**Kuinka kauan?** [kujŋka kauan?]
Um wie viel Uhr?	**Mihin aikaan?** [mihin ajkaːn?]
Wie viel?	**Kuinka paljon?** [kujŋka paljon?]
Haben Sie …?	**Onko sinulla …?** [oŋko sinulla …?]
Wo befindet sich …?	**Missä on …?** [missæ on …?]

Wie spät ist es?	**Paljonko kello on?** [paljoŋko kello on?]
Darf ich telefonieren?	**Voisinko soittaa?** [uojsiŋko sojttaː?]
Wer ist da?	**Kuka siellä?** [kuka siellæ?]
Darf ich hier rauchen?	**Saako täällä polttaa?** [saːko tæːllæ polttaː?]
Darf ich …?	**Saanko …?** [saːŋko …?]

Bedürfnisse

Ich hätte gerne …	**Haluaisin …** [haluajsin …]
Ich will nicht …	**En halua …** [en halua …]
Ich habe Durst.	**Minulla on jano.** [minulla on jano]
Ich möchte schlafen.	**Haluan nukkua.** [haluan nukkua]
Ich möchte …	**Haluan …** [haluan …]
abwaschen	**peseytyä** [peseytyæ]
mir die Zähne putzen	**harjata hampaani** [harjata hampa:ni]
eine Weile ausruhen	**levätä vähän** [levætæ væhæn]
meine Kleidung wechseln	**vaihtaa vaatteet** [vajhta: va:tte:t]
zurück ins Hotel gehen	**palata takaisin hotelliin** [palata takajsin hotelli:n]
kaufen …	**ostaa …** [osta: …]
gehen …	**mennä …** [mennæ …]
besuchen …	**käydä …** [kæydæ …]
treffen …	**tavata …** [tavata …]
einen Anruf tätigen	**soittaa …** [sojtta: …]
Ich bin müde.	**Olen väsynyt.** [olen væsynyt]
Wir sind müde.	**Olemme väsyneitä.** [olemme væsynejtæ]
Mir ist kalt.	**Minulla on kylmä.** [minulla on kylmæ]
Mir ist heiß.	**Minulla on kuuma.** [minulla on ku:ma]
Mir passt es.	**Voin hyvin.** [vojn hyvin]

Ich muss telefonieren.

Minun täytyy soittaa yksi puhelu.
[minun tæyty: sojttɑ: yksi puɦelu]

Ich muss auf die Toilette.

Minun täytyy mennä vessaan.
[minun tæyty: mennæ ʋessɑ:n]

Ich muss gehen.

Minun täytyy lähteä.
[minun tæyty: læɦteæ]

Ich muss jetzt gehen.

Minun täytyy lähteä nyt.
[minun tæyty: læɦteæ nyt]

Wie man nach dem Weg fragt

Entschuldigen Sie bitte, ...

Anteeksi, ...
[anteːksi, ...]

Wo befindet sich ...?

Missä on ...?
[missæ on ...?]

Welcher Weg ist ...?

Miten pääsen ...?
[miten pæːsen ...?]

Könnten Sie mir bitte helfen?

Voisitko auttaa minua?
[ʋojsitko auttaː minua?]

Ich suche ...

Etsin ...
[etsin ...]

Ich suche den Ausgang.

Etsin uloskäyntiä.
[etsin uloskæyntiæ]

Ich fahre nach ...

Menen ...
[menen ...]

Gehe ich richtig nach ...?

Onko tämä oikea tie ...?
[oŋko tæmæ ojkea tie ...?]

Ist es weit?

Onko se kaukana?
[oŋko se kaukana?]

Kann ich dort zu Fuß hingehen?

Voiko sinne kävellä?
[ʋojko sinne kæʋellæ?]

Können Sie es mir auf der Karte zeigen?

Voitko näyttää minulle kartalta?
[ʋojtko næyttæː minulle kartalta?]

Zeigen Sie mir wo wir gerade sind.

Voitko näyttää, missä me olemme nyt.
[ʋojtko næyttæː, missæ me olemme nyt]

Hier

Täällä
[tæːllæ]

Dort

Siellä
[siellæ]

Hierher

Tännepäin.
[tænnepæjn]

Biegen Sie rechts ab.

Käänny oikealle.
[kæːnny ojkealle]

Biegen Sie links ab.

Käänny vasemmalle.
[kæːnny ʋasemmalle]

erste (zweite, dritte) Abzweigung

ensimmäinen (toinen, kolmas) käännös
[ensimmæjnen (tojnen, kolmas) kæːnnøs]

nach rechts

oikealle
[ojkealle]

nach links

vasemmalle
[ʋɑsemmɑlle]

Laufen Sie geradeaus.

Mene suoraan eteenpäin.
[mene suorɑːn eteːnpæjn]

Schilder

HERZLICH WILLKOMMEN!	**TERVETULOA!** [teruetuloa!]
EINGANG	**SISÄÄN** [sisæ:n]
AUSGANG	**ULOS** [ulos]

DRÜCKEN	**TYÖNNÄ** [työnnæ]
ZIEHEN	**VEDÄ** [uedæ]
OFFEN	**AVOIN** [auojn]
GESCHLOSSEN	**SULJETTU** [suljettu]

FÜR DAMEN	**NAISILLE** [najsille]
FÜR HERREN	**MIEHILLE** [mieĥille]
HERREN-WC	**MIEHET** [mieĥet]
DAMEN-WC	**NAISET** [najset]

RABATT	REDUZIERT	**MYYNTI** [my:nti]
AUSVERKAUF	**ALE** [ale]
GRATIS	**ILMAINEN** [ilmajnen]
NEU!	**UUTUUS!** [u:tu:s!]
ACHTUNG!	**HUOMIO!** [huomio!]

KEINE ZIMMER FREI	**TÄYNNÄ** [tæynnæ]
RESERVIERT	**VARATTU** [uarattu]
VERWALTUNG	**HALLINTOHENKILÖSTÖ** [hallinto·heŋkiløstø]
NUR FÜR PERSONAL	**VAIN HENKILÖKUNNALLE** [uajn heŋkilø·kunnalle]

BISSIGER HUND	**VARO KOIRAA!** [ʋɑro kojrɑ:!]
RAUCHEN VERBOTEN!	**TUPAKOINTI KIELLETTY!** [tupɑkojnti kielletty!]
NICHT ANFASSEN!	**ÄLÄ KOSKE!** [ælæ koske!]
GEFÄHRLICH	**VAARALLINEN** [ʋɑ:rɑllinen]
GEFAHR	**VAARA** [ʋɑ:rɑ]
HOCHSPANNUNG	**KORKEAJÄNNITE** [korkeɑ·jænnite]
BADEN VERBOTEN	**UIMINEN KIELLETTY!** [ujminen kielletty!]

AUßER BETRIEB	**EPÄKUNNOSSA** [epækunnossɑ]
LEICHTENTZÜNDLICH	**HELPOSTI SYTTYVÄ** [helposti syttyʋæ]
VERBOTEN	**KIELLETTY** [kielletty]
DURCHGANG VERBOTEN	**LÄPIKULKU KIELLETTY** [læpikulku kielletty]
FRISCH GESTRICHEN	**VASTAMAALATTU** [ʋɑstɑmɑ:lɑttu]

WEGEN RENOVIERUNG GESCHLOSSEN	**SULJETTU REMONTIN VUOKSI** [suljettu remontin ʋuoksi]
ACHTUNG BAUARBEITEN	**TIETYÖ** [tietyø]
UMLEITUNG	**KIERTOTIE** [kiertotie]

Transport - Allgemeine Phrasen

Flugzeug	**lentokone** [lentokone]
Zug	**juna** [juna]
Bus	**bussi** [bussi]
Fähre	**lautta** [lautta]
Taxi	**taksi** [taksi]
Auto	**auto** [auto]

Zeitplan	**aikataulu** [ajkataulu]
Wo kann ich den Zeitplan sehen?	**Missä voisin nähdä aikataulun?** [missæ voisin næhdæ ajkataulun?]
Arbeitstage	**arkipäivät** [arkipæjuæt]
Wochenenden	**viikonloppu** [ui:kon·loppu]
Ferien	**pyhäpäivät** [pyhæpæjuæt]

ABFLUG	**LÄHTEVÄT** [læhteuæt]
ANKUNFT	**SAAPUVAT** [sa:puuat]
VERSPÄTET	**MYÖHÄSSÄ** [myøhæssæ]
GESTRICHEN	**PERUUTETTU** [peru:tettu]

nächste (Zug, usw.)	**seuraava** [seura:ua]
erste	**ensimmäinen** [ensimmæjnen]
letzte	**viimeinen** [ui:mejnen]

Wann kommt der Nächste ...?	**Milloin on seuraava ...?** [millojn on seura:ua ...?]
Wann kommt der Erste ...?	**Milloin on ensimmäinen ...?** [millojn on ensimmæjnen ...?]

Wann kommt der Letzte …?

Milloin on viimeinen …?
[millojn on ʋiːmejnen …?]

Transfer

vaihto
[ʋɑjhto]

einen Transfer machen

vaihtaa
[ʋɑjhtɑː]

Muss ich einen Transfer machen?

Täytyykö minun tehdä vaihto?
[tæytyːkø minun tehdæ ʋɑjhto?]

Eine Fahrkarte kaufen

Wo kann ich Fahrkarten kaufen?

Mistä voin ostaa lippuja?
[mistæ ʋojn osta: lippuja?]

Fahrkarte

lippu
[lippu]

Eine Fahrkarte kaufen

ostaa lippu
[osta: lippu]

Fahrkartenpreis

lipun hinta
[lipun hinta]

Wohin?

Mihin?
[mihin?]

Welche Station?

Mille asemalle?
[mille asemalle?]

Ich brauche ...

Tarvitsen ...
[tarʋitsen ...]

eine Fahrkarte

yhden lipun
[yhden lipun]

zwei Fahrkarten

kaksi lippua
[kaksi lippua]

drei Fahrkarten

kolme lippua
[kolme lippua]

in eine Richtung

menolippu
[menolippu]

hin und zurück

menopaluu
[menopalu:]

erste Klasse

ensimmäinen luokka
[ensimmæjnen luokka]

zweite Klasse

toinen luokka
[tojnen luokka]

heute

tänään
[tænæ:n]

morgen

huomenna
[huomenna]

übermorgen

ylihuomenna
[ylihuomenna]

am Vormittag

aamulla
[a:mulla]

am Nachmittag

iltapäivällä
[ilta·pæjuællæ]

am Abend

illalla
[illalla]

Gangplatz **käytäväpaikka**
[kæytæʋæpɑjkkɑ]

Fensterplatz **ikkunapaikka**
[ikkunɑpɑjkkɑ]

Wie viel? **Kuinka paljon?**
[kujŋkɑ pɑljon?]

Kann ich mit Karte zahlen? **Voinko maksaa luottokortilla?**
[ʋojŋko mɑksɑ: luottokortillɑ?]

Bus

Bus	**bussi** [bussi]
Fernbus	**linja-auto** [linja·auto]
Bushaltestelle	**bussipysäkki** [bussi·pysækki]
Wo ist die nächste Bushaltestelle?	**Missä on lähin bussipysäkki?** [missæ on læhin bussi·pysækki?]

Nummer	**numero** [numero]
Welchen Bus nehme ich um nach ... zu kommen?	**Millä bussilla pääsen ...?** [millæ bussilla pæːsen ...?]
Fährt dieser Bus nach ...?	**Meneekö tämä bussi ...?** [meneːkø tæmæ bussi ...?]
Wie oft fahren die Busse?	**Kuinka usein bussit kulkevat?** [kujŋka usejn bussit kulkeuat?]

alle fünfzehn Minuten	**viidentoista minuutin välein** [uiːden·tojsta minuːtin uælejn]
jede halbe Stunde	**puolen tunnin välein** [puolen tunnin uælejn]
jede Stunde	**joka tunti** [joka tunti]
mehrmals täglich	**useita kertoja päivässä** [usejta kertoja pæjuæssæ]
... Mal am Tag	**... kertaa päivässä** [... kertaː pæjuæssæ]

Zeitplan	**aikataulu** [ajkataulu]
Wo kann ich den Zeitplan sehen?	**Missä voisin nähdä aikataulun?** [missæ uojsin næhdæ ajkataulun?]
Wann kommt der nächste Bus?	**Milloin seuraava bussi menee?** [millojn seuraːua bussi meneː?]
Wann kommt der erste Bus?	**Milloin ensimmäinen bussi menee?** [millojn ensimmæjnen bussi meneː?]
Wann kommt der letzte Bus?	**Milloin viimeinen bussi menee?** [millojn uiːmejnen bussi meneː?]

Halt	**pysäkki** [pysækki]
Nächster Halt	**seuraava pysäkki** [seuraːua pysækki]

Letzter Halt

päätepysäkki
[pæːte·pysækki]

Halten Sie hier bitte an.

Pysähdy tähän, kiitos.
[pysæhdy tæɦæn, kiːtos]

Entschuldigen Sie mich,
dies ist meine Haltestelle.

Anteeksi, jään pois tässä.
[ɑnteːksi, jæːn pojs tæssæ]

Zug

Zug	**juna** [juna]
S-Bahn	**lähijuna** [læhijuna]
Fernzug	**kaukojuna** [kaukojuna]
Bahnhof	**rautatieasema** [rautatie·asema]
Entschuldigen Sie bitte, wo ist der Ausgang zum Bahngleis?	**Anteeksi, mistä pääsen laiturille?** [ante:ksi, mistæ pæ:sen lajturille?]
Fährt dieser Zug nach …?	**Meneekö tämä juna …?** [mene:kø tæmæ juna …?]
nächste Zug	**seuraava juna** [seura:va juna]
Wann kommt der nächste Zug?	**Milloin seuraava juna lähtee?** [millojn seura:va juna llæhte:?]
Wo kann ich den Zeitplan sehen?	**Missä voisin nähdä aikataulun?** [missæ vojsin næhdæ ajkataulun?]
Von welchem Bahngleis?	**Miltä laiturilta?** [miltæ lajturilta?]
Wann kommt der Zug in … an?	**Milloin juna saapuu …?** [millojn juna sa:pu: …?]
Helfen Sie mir bitte.	**Auttaisitko minua, kiitos.** [auttajsitko minua, ki:tos]
Ich suche meinen Platz.	**Etsin paikkaani.** [etsin pajkka:ni]
Wir suchen unsere Plätze.	**Etsimme paikkojamme.** [etsimme pajkkojamme]
Unser Platz ist besetzt.	**Paikkani on varattu.** [pajkkani on varattu]
Unsere Plätze sind besetzt.	**Paikkamme ovat varattuja.** [pajkkamme ovat varattuja]
Entschuldigen Sie, aber das ist mein Platz.	**Olen pahoillani, mutta tämä on minun paikkani.** [olen paĥojllani, mutta tæmæ on minun pajkkani]
Ist der Platz frei?	**Onko tämä paikka varattu?** [oŋko tæmæ pajkka varattu?]
Darf ich mich hier setzen?	**Voinko istua tähän?** [vojŋko istua tæĥæn?]

Im Zug - Dialog (Keine Fahrkarte)

Fahrkarte bitte.

Lippunne, kiitos.
[lippunne, ki:tos]

Ich habe keine Fahrkarte.

Minulla ei ole lippua.
[minulla ej ole lippua]

Ich habe meine Fahrkarte verloren.

Kadotin lippuni.
[kadotin lippuni]

Ich habe meine Fahrkarte
zuhause vergessen.

Unohdin lippuni kotiin.
[unohdin lippuni koti:n]

Sie können von mir
eine Fahrkarte kaufen.

Voit ostaa lipun minulta.
[υojt osta: lipun minulta]

Sie werden auch eine Strafe zahlen.

Sinun täytyy maksaa myös sakko.
[sinun tæyty: maksa: myøs sakko]

Gut.

Hyvä on.
[hyυæ on]

Wohin fahren Sie?

Minne olet menossa?
[minne olet menossa?]

Ich fahre nach ...

Menen ...
[menen ...]

Wie viel? Ich verstehe nicht.

Kuinka paljon? En ymmärrä.
[kujŋka paljon? en ymmærræ]

Schreiben Sie es bitte auf.

Voisitko kirjoittaa sen.
[υojsitko kirjoitta: sen]

Gut. Kann ich mit Karte zahlen?

Hyvä on.
Voinko maksaa luottokortilla?
[hyυæ on. υojŋko maksa:
luottokortilla?]

Ja, das können Sie.

Kyllä voit.
[kyllæ υojt]

Hier ist ihre Quittung.

Tässä on kuittinne.
[tæssæ on kujttinne]

Tut mir leid wegen der Strafe.

Olen pahoillani sakosta.
[olen paɦojllani sakosta]

Das ist in Ordnung. Es ist meine Schuld.

Ei hätää. Se oli minun vikani.
[ej hætæ:. se oli minun υikani]

Genießen Sie Ihre Fahrt.

Mukavaa matkaa.
[mukaυa: matka:]

Taxi

Taxi	**taksi** [taksi]
Taxifahrer	**taksinkuljettaja** [taksiŋ·kuljettaja]
Ein Taxi nehmen	**ottaa taksi** [otta: taksi]
Taxistand	**taksipysäkki** [taksi·pysækki]
Wo kann ich ein Taxi bekommen?	**Mistä voin saada taksin?** [mistæ ʋojn sa:da taksin?]
Ein Taxi rufen	**soittaa taksi** [sojtta: taksi]
Ich brauche ein Taxi.	**Tarvitsen taksin.** [tarʋitsen taksin]
Jetzt sofort.	**Juuri nyt.** [ju:ri nyt]
Wie ist Ihre Adresse? (Standort)	**Mikä on osoitteesi?** [mikæ on osojtte:si?]
Meine Adresse ist …	**Osoitteeni on …** [osojtte:ni on …]
Ihr Ziel?	**Mihin olet menossa?** [miɦin olet menossa?]

Entschuldigen Sie bitte, …	**Anteeksi, …** [ante:ksi, …]
Sind Sie frei?	**Oletko vapaa?** [oletko ʋapa:?]
Was kostet die Fahrt nach …?	**Kuinka paljon maksaa mennä …?** [kujŋka paljon maksa: mennæ …?]
Wissen Sie wo es ist?	**Tiedätkö, missä se on?** [tiedætkø, missæ se on?]

Flughafen, bitte.	**Lentokentälle, kiitos.** [lentokentælle, ki:tos]
Halten Sie hier bitte an.	**Pysähdy tähän, kiitos.** [pysæhdy tæɦæn, ki:tos]
Das ist nicht hier.	**Se ei ole täällä.** [se ej ole tæ:llæ]
Das ist die falsche Adresse.	**Tämä on väärä osoite.** [tæmæ on ʋæ:ræ osojte]
nach links	**Käänny vasemmalle.** [kæ:nny ʋasemmalle]
nach rechts	**Käänny oikealle.** [kæ:nny ojkealle]

Was schulde ich Ihnen?

Kuinka paljon olen velkaa?
[kujŋka paljon olen velka:?]

Ich würde gerne
ein Quittung haben, bitte.

Voisinko saada kuitin.
[vojsiŋko sa:da kujtin]

Stimmt so.

Voit pitää vaihtorahat.
[vojt pitæ: vajhtorahat]

Warten Sie auf mich bitte

Odottaisitko minua?
[odottajsitko minua?]

fünf Minuten

viisi minuuttia
[vi:si minu:ttia]

zehn Minuten

kymmenen minuuttia
[kymmenen minu:ttia]

fünfzehn Minuten

viisitoista minuuttia
[vi:sitojsta minu:ttia]

zwanzig Minuten

kaksikymmentä minuuttia
[kaksikymmentæ minu:ttia]

eine halbe Stunde

puoli tuntia
[puoli tuntia]

Hotel

Guten Tag.	**Hei.** [hej]
Mein Name ist …	**Nimeni on …** [nimeni on …]
Ich habe eine Reservierung.	**Minulla on varaus.** [minulla on varaus]
Ich brauche …	**Tarvitsen …** [tarvitsen …]
ein Einzelzimmer	**yhden hengen huoneen** [yhden heŋen huone:n]
ein Doppelzimmer	**kahden hengen huoneen** [kahden heŋen huone:n]
Wie viel kostet das?	**Kuinka paljon se maksaa?** [kujŋka paljon se maksa:?]
Das ist ein bisschen teuer.	**Se on aika kallis.** [se on ajka kallis]
Haben Sie sonst noch etwas?	**Onko muita vaihtoehtoja?** [oŋko mujta vajhtoehtoja?]
Ich nehme es.	**Otan sen.** [otan sen]
Ich zahle bar.	**Maksan käteisellä.** [maksan kætejsellæ]
Ich habe ein Problem.	**Minulla on ongelma.** [minulla on oŋelma]
Mein … ist kaputt.	**Minun … on rikki.** [minun … on rikki]
Mein … ist außer Betrieb.	**Minun … on epäkunnossa.** [minun … on epækunnossa]
Fernseher	**TV** [teve]
Klimaanlage	**ilmastointi** [ilmastojnti]
Wasserhahn	**hana** [hana]
Dusche	**suihku** [sujhku]
Waschbecken	**allas** [allas]
Safe	**kassakaappi** [kassaka:ppi]

Türschloss	**oven lukko** [ouen lukko]
Steckdose	**pistorasia** [pistorasia]
Föhn	**hiustenkuivaaja** [hiusteŋˑkujuaːja]

Ich habe kein …	**Huoneessani ei ole …** [huoneːssani ej ole …]
Wasser	**vettä** [uettæ]
Licht	**valoa** [ualoa]
Strom	**sähköä** [sæhkøæ]

Können Sie mir … geben?	**Voisitko antaa minulle …?** [uojsitko antaː minulle …?]
ein Handtuch	**pyyhkeen** [pyːhkeːn]
eine Decke	**peitteen** [pejtteːn]
Hausschuhe	**aamutossut** [aːmutossut]
einen Bademantel	**aamutakin** [aːmutakin]
etwas Shampoo	**sampoo** [sampoː]
etwas Seife	**saippuan** [sajppuan]

Ich möchte ein anderes Zimmer haben.	**Haluaisin vaihtaa huonetta.** [haluajsin uajhtaː huonetta]
Ich kann meinen Schlüssel nicht finden.	**En löydä avaintani.** [en løydæ auajntani]
Machen Sie bitte meine Tür auf	**Voisitko avata huoneeni oven?** [uojsitko auata huoneːni ouen?]
Wer ist da?	**Kuka siellä?** [kuka siellæ?]
Kommen Sie rein!	**Tule sisään!** [tule sisæːn!]
Einen Moment bitte!	**Hetki vain!** [hetki uajn!]
Nicht jetzt bitte.	**Ei juuri nyt, kiitos.** [ej juːri nyt, kiːtos]

Kommen Sie bitte in mein Zimmer.	**Voisitko tulla huoneeseeni.** [uojsitko tulla huoneːseːni]
Ich würde gerne Essen bestellen.	**Haluaisin tilata huonepalvelusta.** [haluajsin tilata huonepaluelusta]
Meine Zimmernummer ist …	**Huoneeni numero on …** [huoneːni numero on …]

Ich reise … ab.	**Olen lähdössä …** [olen læhdøssæ …]
Wir reisen … ab.	**Olemme lähdössä …** [olemme læhdøssæ …]
jetzt	**juuri nyt** [juːri nyt]
diesen Nachmittag	**tänä iltapäivänä** [tænæ iltɑpæjʋænæ]
heute Abend	**tänä iltana** [tænæ iltɑnɑ]
morgen	**huomenna** [huomennɑ]
morgen früh	**huomenaamuna** [huomenɑːmunɑ]
morgen Abend	**huomenillalla** [huomenillɑllɑ]
übermorgen	**ylihuomenna** [ylihuomennɑ]

Ich möchte die Zimmerrechnung begleichen.	**Haluaisin maksaa.** [hɑluɑjsin mɑksɑː]
Alles war wunderbar.	**Kaikki oli mahtavaa.** [kɑjkki oli mɑhtɑʋɑː]
Wo kann ich ein Taxi bekommen?	**Mistä voin saada taksin?** [mistæ ʋojn sɑːdɑ taksin?]
Würden Sie bitte ein Taxi für mich holen?	**Voisitko soittaa minulle taksin, kiitos?** [ʋojsitko sojttɑː minulle taksin, kiːtos?]

Restaurant

Könnte ich die Speisekarte sehen bitte?	**Saisinko katsoa ruokalistaa, kiitos?** [sɑjsiŋko kɑtsoɑ ruokɑ·listɑ:, ki:tos?]
Tisch für einen.	**Pöytä yhdelle.** [pøytæ yhdelle]
Wir sind zu zweit (dritt, viert).	**Meitä on kaksi (kolme, neljä).** [mejtæ on kɑksi (kolme, neljæ)]

Raucher	**Tupakointi** [tupɑkojnti]
Nichtraucher	**Tupakointi kielletty** [tupɑkojnti kielletty]
Entschuldigen Sie mich! (Einen Kellner ansprechen)	**Anteeksi!** [ɑnte:ksi!]
Speisekarte	**ruokalista** [ruokɑ·listɑ]
Weinkarte	**viinilista** [ʋi:ni·listɑ]
Die Speisekarte bitte.	**Ruokalista, kiitos.** [ruokɑ·listɑ, ki:tos]

Sind Sie bereit zum bestellen?	**Oletteko valmis tilaamaan?** [oletteko ʋɑlmis tilɑ:mɑ:n?]
Was würden Sie gerne haben?	**Mitä haluaisitte?** [mitæ hɑluɑjsitte?]
Ich möchte ...	**Otan ...** [otɑn ...]

Ich bin Vegetarier.	**Olen kasvissyöjä.** [olen kɑsʋissyøjæ]
Fleisch	**liha** [liɦɑ]
Fisch	**kala** [kɑlɑ]
Gemüse	**vihannekset** [ʋiɦɑnnekset]
Haben Sie vegetarisches Essen?	**Onko teillä kasvisruokaa?** [oŋko tejllæ kɑsʋisruokɑ:?]
Ich esse kein Schweinefleisch.	**En syö sianlihaa.** [en syø siɑnliɦɑ:]
Er /Sie/ isst kein Fleisch.	**Hän ei syö lihaa.** [hæn ej syø liɦɑ:]
Ich bin allergisch auf ...	**Olen allerginen ...** [olen ɑllerginen ...]

Könnten Sie mir bitte … Bringen.	**Toisitteko minulle …** [tojsitteko minulle …]
Salz | Pfeffer | Zucker	**suola | pippuri | sokeri** [suola | pippuri | sokeri]
Kaffee | Tee | Nachtisch	**kahvi | tee | jälkiruoka** [kahʋi | te: | jælkiruoka]
Wasser | Sprudel | stilles	**vesi | hiilihapollinen | tavallinen** [ʋesi | hi:lihapollinen | taʋallinen]
einen Löffel | eine Gabel | ein Messer	**lusikka | haarukka | veitsi** [lusikka | ha:rukka | ʋejtsi]
einen Teller | eine Serviette	**lautanen | lautasliina** [lautanen | lautasli:na]

Guten Appetit!	**Hyvää ruokahalua!** [hyʋæ: ruokahalua!]
Noch einen bitte.	**Toinen samanlainen, kiitos.** [tojnen samanlajnen, ki:tos]
Es war sehr lecker.	**Se oli todella herkullista.** [se oli todella herkullista]

Scheck | Wechselgeld | Trinkgeld	**lasku | vaihtoraha | tippi** [lasku | ʋajhtoraha | tippi]
Zahlen bitte.	**Lasku, kiitos.** [lasku, ki:tos]
Kann ich mit Karte zahlen?	**Voinko maksaa luottokortilla?** [ʋojŋko maksa: luottokortilla?]
Entschuldigen Sie, hier ist ein Fehler.	**Olen pahoillani, mutta tässä on virhe.** [olen pahojllani, mutta tæssæ on ʋirhe]

Einkaufen

Kann ich Ihnen behilflich sein?	**Voinko auttaa?** [ʋojŋko autta:?]
Haben Sie …?	**Onko teillä …?** [oŋko tejllæ …?]
Ich suche …	**Etsin …** [etsin …]
Ich brauche …	**Tarvitsen …** [tarʋitsen …]

Ich möchte nur schauen.	**Katselen vain.** [katselen ʋajn]
Wir möchten nur schauen.	**Katselemme vain.** [katselemme ʋajn]
Ich komme später noch einmal zurück.	**Palaan takaisin myöhemmin.** [pala:n takajsin myøhemmin]
Wir kommen später vorbei.	**Palaamme takaisin myöhemmin.** [pala:mme takajsin myøhemmin]
Rabatt	Ausverkauf	**alennukset	ale** [alennukset	ale]

Zeigen Sie mir bitte …	**Näyttäisitkö minulle …** [næyttæjsitkø minulle …]
Geben Sie mir bitte …	**Antaisitko minulle …** [antajsitko minulle …]
Kann ich es anprobieren?	**Voinko kokeilla tätä?** [ʋojŋko kokejlla tætæ?]
Entschuldigen Sie bitte, wo ist die Anprobe?	**Anteeksi, missä on sovituskoppi?** [ante:ksi, missæ on soʋituskoppi?]
Welche Farbe mögen Sie?	**Minkä värisen haluaisitte?** [miŋkæ ʋærisen haluajsitte?]
Größe	Länge	**koko	pituus** [koko	pitu:s]
Wie sitzt es?	**Kuinka tämä istuu?** [kujŋka tæmæ istu:?]

Was kostet das?	**Kuinka paljon tämä maksaa?** [kujŋka paljon tæmæ maksa:?]
Das ist zu teuer.	**Se on liian kallis.** [se on li:an kallis]
Ich nehme es.	**Otan sen.** [otan sen]
Entschuldigen Sie bitte, wo ist die Kasse?	**Anteeksi, missä voin maksaa?** [ante:ksi, missæ ʋojn maksa:?]

| Zahlen Sie Bar oder mit Karte? | **Maksatteko käteisellä vai luottokortilla?**
[mɑksɑtteko kætejsellæ ʋɑj luottokortillɑ?] |
| in Bar \| mit Karte | **Käteisellä \| luottokortilla**
[kætejsellæ \| luottokortillɑ] |

Brauchen Sie die Quittung?	**Haluaisitteko kuitin?** [hɑluɑjsitteko kujtin?]
Ja, bitte.	**Kyllä kiitos.** [kyllæ kiːtos]
Nein, es ist ok.	**Ei, en halua.** [ej, en hɑluɑ]
Danke. Einen schönen Tag noch!	**Kiitos. Mukavaa päivää!** [kiːtos. mukɑʋɑː pæjʋæː!]

In der Stadt

Entschuldigen Sie bitte, ...	**Anteeksi.** [ɑnteːksi]
Ich suche ...	**Etsin ...** [etsin ...]
die U-Bahn	**metro** [metro]
mein Hotel	**hotellini** [hotellini]
das Kino	**elokuvateatteri** [elokuʋɑ·teɑtteri]
den Taxistand	**taksipysäkki** [tɑksi·pysækki]

einen Geldautomat	**pankkiautomaatti** [pɑŋkki·ɑutomɑːtti]
eine Wechselstube	**valuutanvaihtopiste** [ʋɑluːtɑnʋɑjhto·piste]
ein Internetcafé	**Internet-kahvila** [internet·kɑhʋilɑ]
die ... -Straße	**... katu** [... kɑtu]
diesen Ort	**tämä paikka** [tæmæ pɑjkkɑ]

Wissen Sie, wo ... ist?	**Tiedättekö, missä on ...?** [tiedættekø, missæ on ...?]
Wie heißt diese Straße?	**Mikä katu tämä on?** [mikæ kɑtu tæmæ on?]
Zeigen Sie mir wo wir gerade sind.	**Voisitteko näyttää minulle, missä me olemme nyt.** [ʋojsitteko næyttæː minulle, missæ me olemme nyt]
Kann ich dort zu Fuß hingehen?	**Voiko sinne kävellä?** [ʋojko sinne kæʋellæ?]
Haben Sie einen Stadtplan?	**Onko teillä kaupungin karttaa?** [oŋko tejllæ kɑupuŋin kɑrttɑː?]

Was kostet eine Eintrittskarte?	**Kuinka paljon pääsylippu maksaa?** [kujŋkɑ pɑljon pæːsylippu mɑksɑː?]
Darf man hier fotografieren?	**Voinko ottaa täällä kuvia?** [ʋojŋko ottɑː tæːllæ kuʋiɑ?]
Haben Sie offen?	**Oletteko auki?** [oletteko ɑuki?]

Wann öffnen Sie?

Milloin aukeatte?
[millojn aukeatte?]

Wann schließen Sie?

Milloin menette kiinni?
[millojn menette ki:nni?]

Geld

Geld	**raha** [raha]
Bargeld	**käteinen** [kætejnen]
Papiergeld	**setelit** [setelit]
Kleingeld	**pikkuraha** [pikku·raha]
Scheck | Wechselgeld | Trinkgeld	**lasku | vaihtoraha | tippi** [lasku | vajhtoraha | tippi]
Kreditkarte	**luottokortti** [luotto·kortti]
Geldbeutel	**lompakko** [lompakko]
kaufen	**ostaa** [osta:]
zahlen	**maksaa** [maksa:]
Strafe	**sakko** [sakko]
kostenlos	**ilmainen** [ilmajnen]
Wo kann ich … kaufen?	**Mistä voin ostaa …?** [mistæ vojn osta: …?]
Ist die Bank jetzt offen?	**Onko pankki nyt auki?** [oŋko paŋkki nyt auki?]
Wann öffnet sie?	**Milloin se aukeaa?** [millojn se aukea:?]
Wann schließt sie?	**Milloin se menee kiinni?** [millojn se mene: ki:nni?]
Wie viel?	**Kuinka paljon?** [kujŋka paljon?]
Was kostet das?	**Kuinka paljon tämä maksaa?** [kujŋka paljon tæmæ maksa:?]
Das ist zu teuer.	**Se on liian kallis.** [se on li:an kallis]
Entschuldigen Sie bitte, wo ist die Kasse?	**Anteeksi, missä voin maksaa?** [ante:ksi, missæ vojn maksa:?]
Ich möchte zahlen.	**Lasku, kiitos.** [lasku, ki:tos]

Kann ich mit Karte zahlen?

Voinko maksaa luottokortilla?
[ʋojŋko maksa: luottokortillɑ?]

Gibt es hier einen Geldautomat?

Onko täällä pankkiautomaattia?
[oŋko tæ:llæ paŋkki·automɑ:ttiɑ?]

Ich brauche einen Geldautomat.

Etsin pankkiautomaattia.
[etsin paŋkki·automɑ:ttiɑ]

Ich suche eine Wechselstube.

Etsin valuutanvaihtopistettä.
[etsin ʋɑlu:tɑnʋɑjhto·pistettæ]

Ich möchte ... wechseln.

Haluaisin vaihtaa ...
[hɑluɑjsin ʋɑjhtɑ: ...]

Was ist der Wechselkurs?

Mikä on vaihtokurssi?
[mikæ on ʋɑjhto·kurssi?]

Brauchen Sie meinen Reisepass?

Tarvitsetteko passini?
[tɑrʋitsetteko pɑssini?]

Zeit

Wie spät ist es?	**Paljonko kello on?** [paljoŋko kello on?]
Wann?	**Milloin?** [millojn?]
Um wie viel Uhr?	**Mihin aikaan?** [mihin ajkɑ:n?]
jetzt | später | nach ...	**nyt | myöhemmin | jälkeen ...** [nyt | myøhemmin | jælke:n ...]
ein Uhr	**kello yksi** [kello yksi]
Viertel zwei	**vartin yli yksi** [ʋɑrtin yli yksi]
Ein Uhr dreißig	**puoli kaksi** [puoli kɑksi]
Viertel vor zwei	**varttia vaille kaksi** [ʋɑrttiɑ ʋɑjlle kɑksi]
eins | zwei | drei	**yksi | kaksi | kolme** [yksi | kɑksi | kolme]
vier | fünf | sechs	**neljä | viisi | kuusi** [neljæ | ʋi:si | ku:si]
sieben | acht | neun	**seitsemän | kahdeksan | yhdeksän** [sejtsemæn | kɑhdeksɑn | yhdeksæn]
zehn | elf | zwölf	**kymmenen | yksitoista | kaksitoista** [kymmenen | yksitojstɑ | kɑksitojstɑ]
in ...	**... kuluttua** [... kuluttuɑ]
fünf Minuten	**viiden minuutin kuluttua** [ʋi:den minu:tin kuluttuɑ]
zehn Minuten	**kymmenen minuutin kuluttua** [kymmenen minu:tin kuluttuɑ]
fünfzehn Minuten	**viidentoista minuutin kuluttua** [ʋi:den·tojstɑ minu:tin kuluttuɑ]
zwanzig Minuten	**kahdenkymmenen minuutin kuluttua** [kɑhdeŋkymmenen minu:tin kuluttuɑ]
einer halben Stunde	**puolen tunnin kuluttua** [puolen tunnin kuluttuɑ]
einer Stunde	**tunnin kuluttua** [tunnin kuluttuɑ]

am Vormittag	**aamulla** [ɑ:mulla]
früh am Morgen	**aikaisin aamulla** [ajkajsin ɑ:mulla]
diesen Morgen	**tänä aamuna** [tænæ ɑ:muna]
morgen früh	**huomenaamuna** [huomenɑ:muna]

am Mittag	**keskipäivällä** [keskipæjuællæ]
am Nachmittag	**iltapäivällä** [ilta·pæjuællæ]
am Abend	**illalla** [illalla]
heute Abend	**tänä iltana** [tænæ iltana]

in der Nacht	**yöllä** [yøllæ]
gestern	**eilen** [ejlen]
heute	**tänään** [tænæ:n]
morgen	**huomenna** [huomenna]
übermorgen	**ylihuomenna** [ylihuomenna]

Welcher Tag ist heute?	**Mikä päivä tänään on?** [mikæ pæjuæ tænæ:n on?]
Es ist …	**Tänään on …** [tænæ:n on …]
Montag	**maanantai** [mɑ:nantaj]
Dienstag	**tiistai** [ti:staj]
Mittwoch	**keskiviikko** [keskivi:kko]

Donnerstag	**torstai** [torstaj]
Freitag	**perjantai** [perjantaj]
Samstag	**lauantai** [lauantaj]
Sonntag	**sunnuntai** [sunnuntaj]

Begrüßungen und Vorstellungen

Hallo.	**Hei.** [hej]
Freut mich, Sie kennen zu lernen.	**Mukava tavata.** [mukaʋa taʋata]
Ganz meinerseits.	**Samoin.** [samojn]
Darf ich vorstellen? Das ist …	**Saanko esitellä …** [sɑːŋko esitellæ …]
Sehr angenehm.	**Hauska tavata.** [hauska taʋata]
Wie geht es Ihnen?	**Kuinka voit?** [kujŋka ʋojt?]
Ich heiße …	**Nimeni on …** [nimeni on …]
Er heißt …	**Hänen nimensä on …** [hænen nimensæ on …]
Sie heißt …	**Hänen nimensä on …** [hænen nimensæ on …]
Wie heißen Sie?	**Mikä sinun nimesi on?** [mikæ sinun nimesi on?]
Wie heißt er?	**Mikä hänen nimensä on?** [mikæ hænen nimensæ on?]
Wie heißt sie?	**Mikä hänen nimensä on?** [mikæ hænen nimensæ on?]
Wie ist Ihr Nachname?	**Mikä on sukunimesi?** [mikæ on sukunimesi?]
Sie können mich … nennen.	**Voit soittaa minulle …** [ʋojt sojttaː minulle …]
Woher kommen Sie?	**Mistä olet kotoisin?** [mistæ olet kotojsin?]
Ich komme aus …	**Olen …** [olen …]
Was machen Sie beruflich?	**Mitä teet työksesi?** [mitæ teːt tyøksesi?]
Wer ist das?	**Kuka tämä on?** [kuka tæmæ on?]
Wer ist er?	**Kuka hän on?** [kuka hæn on?]
Wer ist sie?	**Kuka hän on?** [kuka hæn on?]
Wer sind sie?	**Keitä he ovat?** [kejtæ he oʋat?]

Das ist …	**Tämä on …**
	[tæmæ on …]
mein Freund	**ystäväni**
	[ystæʋæni]
meine Freundin	**ystäväni**
	[ystæʋæni]
mein Mann	**mieheni**
	[mieɦeni]
meine Frau	**vaimoni**
	[ʋɑjmoni]

mein Vater	**isäni**
	[isæni]
meine Mutter	**äitini**
	[æjtini]
mein Bruder	**veljeni**
	[ʋeljeni]
meine Schwester	**siskoni**
	[siskoni]
mein Sohn	**poikani**
	[pojkɑni]
meine Tochter	**tyttäreni**
	[tyttæreni]

Das ist unser Sohn.	**Tämä on poikamme.**
	[tæmæ on pojkɑmme]
Das ist unsere Tochter.	**Tämä on tyttäremme.**
	[tæmæ on tyttæremme]
Das sind meine Kinder.	**Nämä ovat lapsiani.**
	[næmæ oʋɑt lɑpsiɑni]
Das sind unsere Kinder.	**Nämä ovat lapsiamme.**
	[næmæ oʋɑt lɑpsiɑmme]

Verabschiedungen

Auf Wiedersehen!
Näkemiin!
[nækemiːn!]

Tschüss!
Hei hei!
[hej hej!]

Bis morgen.
Nähdään huomenna.
[næhdæːn huomenna]

Bis bald.
Nähdään pian.
[næhdæːn pian]

Bis um sieben.
Nähdään seitsemältä.
[næhdæːn sejtsemæltæ]

Viel Spaß!
Pitäkää hauskaa!
[pitækæː hauskaː!]

Wir sprechen später.
Jutellaan myöhemmin.
[jutellaːn myøhemmin]

Ich wünsche Ihnen
ein schönes Wochenende.
Hyvää viikonloppua!
[hyuæː uiːkonloppua!]

Gute Nacht.
Hyvää yötä.
[hyuæː yøtæ]

Es ist Zeit, dass ich gehe.
Minun on aika lähteä.
[minun on ajka læhteæ]

Ich muss gehen.
Minun täytyy lähteä.
[minun tæyty: læhteæ]

Ich bin gleich wieder da.
Tulen kohta takaisin.
[tulen kohta takajsin]

Es ist schon spät.
On myöhä.
[on myøhæ]

Ich muss früh aufstehen.
Minun täytyy nousta aikaisin.
[minun tæyty: nousta ajkajsin]

Ich reise morgen ab.
Lähden huomenna.
[læhden huomenna]

Wir reisen morgen ab.
Lähdemme huomenna.
[læhdemme huomenna]

Ich wünsche Ihnen eine gute Reise!
Hyvää matkaa!
[hyuæː matkaː!]

Hat mich gefreut, Sie kennen zu lernen.
Oli mukava tavata.
[oli mukaua tauata]

Hat mich gefreut mit Ihnen zu sprechen.
Oli mukava jutella.
[oli mukaua jutella]

Danke für alles.
Kiitos kaikesta.
[kiːtos kajkesta]

Ich hatte eine sehr gute Zeit.

Minulla oli tosi hauskaa.
[minulla oli tosi hauska:]

Wir hatten eine sehr gute Zeit.

Meillä oli tosi hauskaa.
[mejllæ oli tosi hauska:]

Es war wirklich toll.

Se oli tosi mahtavaa.
[se oli tosi mahtaua:]

Ich werde Sie vermissen.

Tulen kaipaamaan sinua.
[tulen kajpa:ma:n sinua]

Wir werden Sie vermissen.

Tulemme kaipaamaan sinua /teitä/.
[tulemme kajpa:ma:n sinua /tejtæ/]

Viel Glück!

Onnea matkaan!
[onnea matka:n!]

Grüßen Sie ...

Kerro terveisiä ...
[kerro teruejsiæ ...]

Fremdsprache

Ich verstehe nicht.	**En ymmärrä.** [en ymmærræ]
Schreiben Sie es bitte auf.	**Voisitko kirjoittaa sen.** [ʋojsitko kirjoitta: sen]
Sprechen Sie …?	**Puhutko …?** [puɦutko …?]

Ich spreche ein bisschen …	**Puhun vähän …** [puɦun ʋæɦæn …]
Englisch	**englantia** [eŋlantia]
Türkisch	**turkkia** [turkkia]
Arabisch	**arabiaa** [arabia:]
Französisch	**ranskaa** [ranska:]

Deutsch	**saksaa** [saksa:]
Italienisch	**italiaa** [italia:]
Spanisch	**espanjaa** [espanja:]
Portugiesisch	**portugalia** [portugalia]
Chinesisch	**kiinaa** [ki:na:]
Japanisch	**japania** [japania]

Können Sie das bitte wiederholen.	**Voisitko toistaa, kiitos.** [ʋojsitko tojsta:, ki:tos]
Ich verstehe.	**Ymmärrän.** [ymmærræn]
Ich verstehe nicht.	**En ymmärrä.** [en ymmærræ]
Sprechen Sie etwas langsamer.	**Voisitko puhua hitaammin.** [ʋojsitko puɦua hita:mmin]

Ist das richtig?	**Onko tämä oikein?** [oŋko tæmæ ojkejn?]
Was ist das? (Was bedeutet das?)	**Mikä tämä on?** [mikæ tæmæ on?]

Entschuldigungen

Entschuldigen Sie bitte.

Anteeksi.
[ante:ksi]

Es tut mir leid.

Olen pahoillani.
[olen pahojllani]

Es tut mir sehr leid.

Olen todella pahoillani.
[olen todella pahojllani]

Es tut mir leid, das ist meine Schuld.

Anteeksi, se on minun vikani.
[ante:ksi, se on minun vikani]

Das ist mein Fehler.

Minun virheeni.
[minun virhe:ni]

Darf ich …?

Saanko …?
[sa:ŋko …?]

Haben Sie etwas dagegen, wenn ich …?

Haittaakko jos …?
[hajtta:kko jos …?]

Es ist okay.

Se on OK.
[se on ok]

Alles in Ordnung.

Ole hyvä.
[ole hyvæ]

Machen Sie sich keine Sorgen.

Ei tarvitse kiittää.
[ej tarvitse ki:ttæ:]

Einigung

Ja.	**Kyllä.** [kyllæ]
Ja, natürlich.	**Kyllä, varmasti.** [kyllæ, ʋarmasti]
Ok! (Gut!)	**OK! Hyvä!** [ok! hyʋæ!]
Sehr gut.	**Hyvä on.** [hyʋæ on]
Natürlich!	**Totta kai!** [totta kaj!]
Genau.	**Olen samaa mieltä.** [olen sama: mieltæ]

Das stimmt.	**Näin se on.** [næjn se on]
Das ist richtig.	**Juuri niin.** [ju:ri ni:n]
Sie haben Recht.	**Olet oikeassa.** [olet ojkeassa]
Ich habe nichts dagegen.	**Ei se minua haittaa.** [ej se minua hajtta:]
Völlig richtig.	**Täysin oikein.** [tæysin ojkejn]

Das kann sein.	**Se on mahdollista.** [se on mahdollista]
Das ist eine gute Idee.	**Tuo on hyvä idea.** [tuo on hyʋæ idea]
Ich kann es nicht ablehnen.	**En voi kieltäytyä.** [en ʋoj kieltæytyæ]
Ich würde mich freuen.	**Mielelläni.** [mielellæni]
Gerne.	**Mielihyvin.** [mielihyʋin]

Ablehnung. Äußerung von Zweifel

Nein.

Natürlich nicht.

Ich stimme nicht zu.

Das glaube ich nicht.

Das ist falsch.

Ei.
[ej]
Ei todellakaan.
[ej todellaka:n]
En ole samaa mieltä.
[en ole sama: mieltæ]
En usko.
[en usko]
Se ei ole totta.
[se ej ole totta]

Sie liegen falsch.

Ich glaube, Sie haben Unrecht.

Ich bin nicht sicher.

Das ist unmöglich.

Nichts dergleichen!

Olet väärässä.
[olet ʋæ:ræssæ]
Luulen, että olet väärässä.
[lu:len, ettæ olet ʋæ:ræssæ]
En ole varma.
[en ole ʋarma]
Se on mahdotonta.
[se on mahdotonta]
Ei mitään sellaista!
[ej mitæ:n sellajsta!]

Im Gegenteil!

Ich bin dagegen.

Es ist mir egal.

Keine Ahnung.

Ich bezweifle, dass es so ist.

Täysin päinvastoin.
[tæysin pæjnʋastojn]
Vastustan sitä.
[ʋastustan sitæ]
En välitä.
[en ʋælitæ]
Minulla ei ole aavistustakaan.
[minulla ej ole a:ʋistustaka:n]
Epäilen sitä.
[epæjlen sitæ]

Es tut mir leid, ich kann nicht.

Es tut mir leid, ich möchte nicht.

Olen pahoillani, mutta en voi.
[olen paɦojllani, mutta en ʋoj]
Olen pahoillani, mutta en halua.
[olen paɦojllani, mutta en halua]

Danke, das brauche ich nicht.

Es ist schon spät.

Kiitos, mutta en tarvitse tätä.
[ki:tos, mutta en tarʋitse tætæ]
Alkaa olla jo myöhä.
[alka: olla jo myøhæ]

Ich muss früh aufstehen.

Minun täytyy nousta aikaisin.
[minun tæyty: nousta ɑjkɑjsin]

Mir geht es schlecht.

En voi hyvin.
[en ʋoj hyʋin]

Dankbarkeit ausdrücken

Danke.	**Kiitos.** [ki:tos]
Dankeschön.	**Tuhannet kiitokset.** [tuhannet ki:tokset]
Ich bin Ihnen sehr verbunden.	**Arvostan sitä todella.** [arʋostan sitæ todella]
Ich bin Ihnen sehr dankbar.	**Olen tosi kiitollinen sinulle.** [olen tosi ki:tollinen sinulle]
Wir sind Ihnen sehr dankbar.	**Olemme tosi kiitollisia sinulle.** [olemme tosi ki:tollisia sinulle]

Danke, dass Sie Ihre Zeit geopfert haben.	**Kiitos ajastasi.** [ki:tos ajastasi]
Danke für alles.	**Kiitos kaikesta.** [ki:tos kajkesta]
Danke für …	**Kiitos …** [ki:tos …]
Ihre Hilfe	**avustasi** [aʋustasi]
die schöne Zeit	**mukavasta ajasta** [mukaʋasta ajasta]

das wunderbare Essen	**ihanasta ateriasta** [ihanasta ateriasta]
den angenehmen Abend	**mukavasta illasta** [mukaʋasta illasta]
den wunderschönen Tag	**ihanasta päivästä** [ihanasta pæjʋæstæ]
die interessante Führung	**mahtavasta matkasta** [mahtaʋasta matkasta]

Keine Ursache.	**Ei kestä.** [ej kestæ]
Nichts zu danken.	**Ole hyvä.** [ole hyʋæ]
Immer gerne.	**Eipä kestä.** [ejpæ kestæ]
Es freut mich, geholfen zu haben.	**Ilo on kokonaan minun puolellani.** [ilo on kokona:n minun puolellani]
Vergessen Sie es.	**Unohda se.** [unohda se]
Machen Sie sich keine Sorgen.	**Ei tarvitse kiittää.** [ej tarʋitse ki:ttæ:]

Glückwünsche. Beste Wünsche

Glückwunsch!

Onnittelut!
[onnittelut!]

Alles gute zum Geburtstag!

Hyvää syntymäpäivää!
[hyʋæ: syntymæpæjʋæ:!]

Frohe Weihnachten!

Hyvää joulua!
[hyʋæ: joulua!]

Frohes neues Jahr!

Onnellista Uutta Vuotta!
[onnellista u:tta ʋuotta!]

Frohe Ostern!

Hyvää Pääsiäistä!
[hyʋæ: pæ:siæjstæ!]

Frohes Hanukkah!

Onnellista Hanukka!
[onnellista hanukka!]

Ich möchte einen Toast ausbringen.

Haluaisin ehdottaa maljaa.
[haluajsin ehdotta: malja:]

Auf Ihr Wohl!

Kippis!
[kippis!]

Trinken wir auf …!

Malja …!
[malja …!]

Auf unseren Erfolg!

Menestykselle!
[menestykselle!]

Auf Ihren Erfolg!

Menestyksellesi!
[menestyksellesi!]

Viel Glück!

Onnea matkaan!
[onnea matka:n!]

Einen schönen Tag noch!

Mukavaa päivää!
[mukaʋa: pæjʋæ:!]

Haben Sie einen guten Urlaub!

Mukavaa lomaa!
[mukaʋa: loma:!]

Haben Sie eine sichere Reise!

Turvallista matkaa!
[turʋallista matka:!]

Ich hoffe es geht Ihnen bald besser!

Toivon että paranet pian!
[tojʋon ettæ paranet pian!]

Sozialisieren

Warum sind Sie traurig?

Miksi olet surullinen?
[miksi olet surullinen?]

Lächeln Sie!

Hymyile! Piristy!
[hymyile! piristy!]

Sind Sie heute Abend frei?

Oletko vapaa tänä iltana?
[oletko ʋɑpɑː tænæ iltɑnɑ?]

Darf ich Ihnen was zum Trinken anbieten?

Voinko tarjota sinulle juotavaa?
[ʋojŋko tɑrjotɑ sinulle juotɑʋɑ:?]

Möchten Sie tanzen?

Haluaisitko tulla tanssimaan?
[hɑluɑjsitko tullɑ tɑnssimɑ:n?]

Gehen wir ins Kino.

Mennään elokuviin.
[mennæ:n elokuʋi:n]

Darf ich Sie ins ... einladen?

Saanko kutsua sinut ...?
[sɑ:ŋko kutsuɑ sinut ...?]

Restaurant

ravintolaan
[rɑʋintolɑ:n]

Kino

elokuviin
[elokuʋi:n]

Theater

teatteriin
[teɑtteri:n]

auf einen Spaziergang

kävelylle
[kæʋelylle]

Um wie viel Uhr?

Mihin aikaan?
[mihin ɑjkɑ:n?]

heute Abend

tänä iltana
[tænæ iltɑnɑ]

um sechs Uhr

kuudelta
[ku:deltɑ]

um sieben Uhr

seitsemältä
[sejtsemæltæ]

um acht Uhr

kahdeksalta
[kɑhdeksɑltɑ]

um neun Uhr

yhdeksältä
[yhdeksæltæ]

Gefällt es Ihnen hier?

Pidätkö tästä paikasta?
[pidætkø tæstæ pɑjkɑstɑ?]

Sind Sie hier mit jemandem?

Oletko täällä jonkun kanssa?
[oletko tæ:llæ joŋkun kɑnssɑ?]

Ich bin mit meinem Freund /meiner Freundin/.

Olen ystäväni kanssa.
[olen ystæʋæni kɑnssɑ]

Ich bin mit meinen Freunden.

Olen ystävieni kanssa.
[olen ystæʋieni kanssa]

Nein, ich bin alleine.

Ei, olen yksin.
[ej, olen yksin]

Hast du einen Freund?

Onko sinulla poikaystävää?
[oŋko sinulla pojka·ystæʋæ:?]

Ich habe einen Freund.

Minulla on poikaystävä.
[minulla on pojka·ystæʋæ]

Hast du eine Freundin?

Onko sinulla tyttöystävää?
[oŋko sinulla tyttø·ystæʋæ:?]

Ich habe eine Freundin.

Minulla on tyttöystävä.
[minulla on tyttø·ystæʋæ]

Kann ich dich nochmals sehen?

Saanko tavata sinut uudelleen?
[sɑːŋko tɑʋɑtɑ sinut uːdelleːn?]

Kann ich dich anrufen?

Saanko soittaa sinulle?
[sɑːŋko sojttɑː sinulle?]

Ruf mich an.

Soita minulle.
[sojtɑ minulle]

Was ist deine Nummer?

Mikä on puhelinnumerosi?
[mikæ on puɦelin·numerosi?]

Ich vermisse dich.

Kaipaan sinua.
[kɑjpɑːn sinuɑ]

Sie haben einen schönen Namen.

Sinulla on kaunis nimi.
[sinulla on kɑunis nimi]

Ich liebe dich.

Rakastan sinua.
[rɑkɑstɑn sinuɑ]

Willst du mich heiraten?

Menisitkö naimisiin kanssani?
[menisitkø nɑjmisiːn kɑnssɑni?]

Sie machen Scherze!

Lasket leikkiä!
[lɑsket lejkkiæ!]

Ich habe nur gescherzt.

Lasken vain leikkiä.
[lɑsken ʋɑjn lejkkiæ]

Ist das Ihr Ernst?

Oletko tosissasi?
[oletko tosissɑsi?]

Das ist mein Ernst.

Olen tosissani.
[olen tosissɑni]

Echt?!

Ihanko totta?!
[iɦɑŋko totta?!]

Das ist unglaublich!

Se on uskomatonta!
[se on uskomɑtonta!]

Ich glaube Ihnen nicht.

En usko sinua.
[en usko sinuɑ]

Ich kann nicht.

En voi.
[en ʋoj]

Ich weiß nicht.

En tiedä.
[en tiedæ]

Ich verstehe Sie nicht.

En ymmärrä sinua.
[en ymmærræ sinuɑ]

Bitte gehen Sie weg.

Ole hyvä mene pois.
[ole hyʋæ mene pojs]

Lassen Sie mich in Ruhe!

Jätä minut rauhaan!
[jætæ minut rɑuhɑ:n!]

Ich kann ihn nicht ausstehen.

En voi sietää häntä.
[en ʋoj sietæ: hæntæ]

Sie sind widerlich!

Olet inhottava!
[olet inhottɑʋɑ!]

Ich rufe die Polizei an!

Soitan poliisille!
[sojtɑn poli:sille!]

Gemeinsame Eindrücke. Emotionen

Das gefällt mir.

Pidän siitä.
[pidæn si:tæ]

Sehr nett.

Tosi kiva.
[tosi kiʋɑ]

Das ist toll!

Sepä hienoa!
[sepæ hienoɑ!]

Das ist nicht schlecht.

Ei huono.
[ej huono]

Das gefällt mir nicht.

En pidä siitä.
[en pidæ si:tæ]

Das ist nicht gut.

Se ei ole hyvä.
[se ej ole hyʋæ]

Das ist schlecht.

Se on huono.
[se on huono]

Das ist sehr schlecht.

Se on tosi huono.
[se on tosi huono]

Das ist widerlich.

Se on inhottava.
[se on inhottɑʋɑ]

Ich bin glücklich.

Olen onnellinen.
[olen onnellinen]

Ich bin zufrieden.

Olen tyytyväinen.
[olen ty:tyʋæjnen]

Ich bin verliebt.

Olen rakastunut.
[olen rɑkɑstunut]

Ich bin ruhig.

Olen rauhallinen.
[olen rɑuhɑllinen]

Ich bin gelangweilt.

Olen tylsistynyt.
[olen tylsistynyt]

Ich bin müde.

Olen väsynyt.
[olen ʋæsynyt]

Ich bin traurig.

Olen surullinen.
[olen surullinen]

Ich habe Angst.

Olen peloissani.
[olen pelojssɑni]

Ich bin wütend.

Olen vihainen.
[olen ʋihɑjnen]

Ich mache mir Sorgen.

Olen huolissani.
[olen huolissɑni]

Ich bin nervös.

Olen hermostunut.
[olen hermostunut]

Ich bin eifersüchtig.

Olen mustasukkainen.
[olen mustasukkajnen]

Ich bin überrascht .

Olen yllättynyt.
[olen yllættynyt]

Es ist mir peinlich.

Olen hämilläni.
[olen hæmillæni]

Probleme. Unfälle

Ich habe ein Problem.	**Minulla on ongelma.** [minulla on oŋelma]
Wir haben Probleme.	**Meillä on ongelma.** [mejllæ on oŋelma]
Ich bin verloren.	**Olen eksynyt.** [olen eksynyt]
Ich habe den letzten Bus (Zug) verpasst.	**Myöhästyin viimeisestä bussista (junasta).** [myøhæstyin ʋi:mejsestæ bussista (junasta)]
Ich habe kein Geld mehr.	**Minulla ei ole ollenkaan rahaa jäljellä.** [minulla ej ole olleŋka:n raha: jæljellæ]

Ich habe mein … verloren.	**Olen hukannut …** [olen hukannut …]
Jemand hat mein … gestohlen.	**Joku varasti minun …** [joku ʋarasti minun …]
Reisepass	**passini** [passini]
Geldbeutel	**lompakkoni** [lompakkoni]
Papiere	**paperini** [paperini]
Fahrkarte	**lippuni** [lippuni]

Geld	**rahani** [rahani]
Tasche	**käsilaukkuni** [kæsilaukkuni]
Kamera	**kamerani** [kamerani]
Laptop	**kannettava tietokone** [kannettaʋa tietokone]
Tabletcomputer	**tablettini** [tablettini]
Handy	**kännykkäni** [kænnykkæni]

Hilfe!	**Auta minua!** [auta minua!]
Was ist passiert?	**Mitä on tapahtunut?** [mitæ on tapahtunut?]

Feuer	**tulipalo** [tulipalo]
Schießerei	**ampuminen** [ampuminen]
Mord	**murha** [murha]
Explosion	**räjähdys** [ræjæhdys]
Schlägerei	**tappelu** [tappelu]

Rufen Sie die Polizei!	**Soita poliisille!** [sojta poli:sille!]
Beeilen Sie sich!	**Pidä kiirettä!** [pidæ ki:rettæ!]
Ich suche nach einer Polizeistation.	**Etsin poliisiasemaa.** [etsin poli:si·asema:]
Ich muss einen Anruf tätigen.	**Minun täytyy soittaa.** [minun tæyty: sojtta:]
Kann ich Ihr Telefon benutzen?	**Saanko käyttää puhelintasi?** [sa:ŋko kæyttæ: puhelintasi?]

Ich wurde ...	**Minut on ...** [minut on ...]
ausgeraubt	**ryöstetty** [ryøstetty]
überfallen	**ryöstetty** [ryøstetty]
vergewaltigt	**raiskattu** [rajskattu]
angegriffen	**pahoinpidelty** [pahojnpidelty]

Ist bei Ihnen alles in Ordnung?	**Oletko kunnossa?** [oletko kunnossa?]
Haben Sie gesehen wer es war?	**Näitkö, kuka se oli?** [næjtkø, kuka se oli?]
Sind Sie in der Lage die Person wiederzuerkennen?	**Pystyisitkö tunnistamaan henkilön?** [pystyisitkø tunnistama:n heŋkiløn?]
Sind sie sicher?	**Oletko varma?** [oletko ʋarma?]

Beruhigen Sie sich bitte!	**Rauhoitu.** [rauhojtu]
Ruhig!	**Rentoudu!** [rentoudu!]
Machen Sie sich keine Sorgen	**Älä huolehdi!** [ælæ huolehdi!]
Alles wird gut.	**Kaikki järjestyy.** [kajkki jærjesty:]
Alles ist in Ordnung.	**Kaikki on kunnossa.** [kajkki on kunnossa]

Kommen Sie bitte her.	**Tule tänne.** [tule tænne]
Ich habe einige Fragen für Sie.	**Minulla on joitakin kysymyksiä sinulle.** [minulla on joitakin kysymyksiæ sinulle]
Warten Sie einen Moment bitte.	**Odota hetki.** [odota hetki]
Haben Sie einen Identifikationsnachweis?	**Onko sinulla henkilötodistus?** [oŋko sinulla heŋkilø·todistus?]
Danke. Sie können nun gehen.	**Kiitos. Voit nyt lähteä.** [ki:tos. ʋojt nyt læhteæ]
Hände hinter dem Kopf!	**Kädet pään taakse!** [kædet pæːn taːkse!]
Sie sind verhaftet!	**Sinut on pidätetty!** [sinut on pidætetty!]

Gesundheitsprobleme

Helfen Sie mir bitte.	**Voisitko auttaa minua.** [ʋojsitko autta: minua]
Mir ist schlecht.	**En voi hyvin.** [en ʋoj hyʋin]
Meinem Ehemann ist schlecht.	**Mieheni ei voi hyvin.** [mieĥeni ej ʋoj hyʋin]
Mein Sohn ...	**Poikani ...** [pojkani ...]
Mein Vater ...	**Isäni ...** [isæni ...]

Meine Frau fühlt sich nicht gut.	**Vaimoni ei voi hyvin.** [ʋajmoni ej ʋoj hyʋin]
Meine Tochter ...	**Tyttäreni ...** [tyttæreni ...]
Meine Mutter ...	**Äitini ...** [æjtini ...]

Ich habe ... schmerzen.	**Minulla on ...** [minulla on ...]
Kopf-	**päänsärky** [pæ:nsærky]
Hals-	**kipeä kurkku** [kipeæ kurkku]
Bauch-	**vatsakipu** [ʋatsakipu]
Zahn-	**hammassärky** [hammas·særky]

Mir ist schwindelig.	**Minua huimaa.** [minua hujma:]
Er hat Fieber.	**Hänellä on kuumetta.** [hænellæ on ku:metta]
Sie hat Fieber.	**Hänellä on kuumetta.** [hænellæ on ku:metta]
Ich kann nicht atmen.	**En voi hengittää.** [en ʋoj heŋittæ:]

Ich kriege keine Luft.	**Olen hengästynyt.** [olen heŋæstynyt]
Ich bin Asthmatiker.	**Minulla on astma.** [minulla on astma]
Ich bin Diabetiker /Diabetikerin/	**Minulla on diabetes.** [minulla on diabetes]

Ich habe Schlaflosigkeit.

En voi nukkua.
[en ʋoj nukkua]

Lebensmittelvergiftung

ruokamyrkytys
[ruoka·myrkytys]

Es tut hier weh.

Minua sattuu tästä.
[minua sattu: tæstæ]

Hilfe!

Auta minua!
[auta minua!]

Ich bin hier!

Olen täällä!
[olen tæ:llæ!]

Wir sind hier!

Olemme täällä!
[olemme tæ:llæ!]

Bringen Sie mich hier raus!

Päästä minut pois täältä!
[pæ:stæ minut pojs tæ:ltæ!]

Ich brauche einen Arzt.

Tarvitsen lääkärin.
[tarʋitsen læ:kærin]

Ich kann mich nicht bewegen.

En voi liikkua.
[en ʋoj li:kkua]

Ich kann meine Beine nicht bewegen.

En voi liikuttaa jalkojani.
[en ʋoj li:kutta: jalkojani]

Ich habe eine Wunde.

Minulla on haava.
[minulla on ha:ʋa]

Ist es ernst?

Onko se vakavaa?
[oŋko se ʋakaʋa:?]

Meine Dokumente sind in meiner Hosentasche.

Asiakirjani ovat taskussani.
[asiakirjani oʋat taskussani]

Beruhigen Sie sich!

Rauhoitu!
[rauhojtu!]

Kann ich Ihr Telefon benutzen?

Saanko käyttää puhelintasi?
[sa:ŋko kæyttæ: puhelintasi?]

Rufen Sie einen Krankenwagen!

Soita ambulanssi!
[sojta ambulanssi!]

Es ist dringend!

Tämä on kiireellistä!
[tæmæ on ki:re:llistæ!]

Es ist ein Notfall!

Tämä on hätätilanne!
[tæmæ on hætætilanne!]

Schneller bitte!

Pidä kiirettä!
[pidæ ki:rettæ!]

Können Sie bitte einen Arzt rufen?

Soittaisitko lääkärin?
[sojttajsitko læ:kærin?]

Wo ist das Krankenhaus?

Missä sairaala on?
[missæ sajra:la on?]

Wie fühlen Sie sich?

Kuinka voit?
[kujŋka ʋojt?]

Ist bei Ihnen alles in Ordnung?

Oletko kunnossa?
[oletko kunnossa?]

Was ist passiert?

Mitä on tapahtunut?
[mitæ on tapahtunut?]

Mir geht es schon besser. **Voin nyt paremmin.**
[ʋojn nyt paremmin]

Es ist in Ordnung. **Se on okei.**
[se on okej]

Alles ist in Ordnung. **Se on hyvä.**
[se on hyʋæ]

In der Apotheke

Apotheke	**apteekki** [ɑpteːkki]
24 Stunden Apotheke	**päivystävä apteekki** [pæejʊystæʊæ ɑpteːkki]
Wo ist die nächste Apotheke?	**Missä on lähin apteekki?** [missæ on læɦin ɑpteːkki?]

Ist sie jetzt offen?	**Onko se nyt auki?** [oŋko se nyt ɑuki?]
Um wie viel Uhr öffnet sie?	**Milloin se aukeaa?** [millojn se ɑukeɑ:?]
Um wie viel Uhr schließt sie?	**Milloin se menee kiinni?** [millojn se meneː kiːnni?]

Ist es weit?	**Onko se kaukana?** [oŋko se kaukɑnɑ?]
Kann ich dort zu Fuß hingehen?	**Voiko sinne kävellä?** [ʊojko sinne kæʊellæ?]
Können Sie es mir auf der Karte zeigen?	**Voitko näyttää minulle kartalta?** [ʊojtko næyttæː minulle kɑrtɑltɑ?]

Bitte geben sie mir etwas gegen …	**Voisitko antaa minulle jotakin …** [ʊojsitko ɑntɑː minulle jotɑkin …]
Kopfschmerzen	**päänsärkyyn** [pæːnsærkyːn]
Husten	**yskään** [yskæːn]
eine Erkältung	**vilustumiseen** [ʊilustumiseːn]
die Grippe	**flunssaan** [flunssɑːn]

Fieber	**kuumeeseen** [kuːmeːseːn]
Magenschmerzen	**vatsakipuun** [ʊɑtsɑkipuːn]
Übelkeit	**pahoinvointiin** [pɑɦojnʊojntiːn]
Durchfall	**ripuliin** [ripuliːn]
Verstopfung	**ummetukseen** [ummetukseːn]
Rückenschmerzen	**selkäkipuun** [selkæ·kipuːn]

Brustschmerzen	**rintakipuun** [rinta·kipu:n]
Seitenstechen	**pistävään kipuun kyljessä** [pistæʊæ:n kipu:n kyljessæ]
Bauchschmerzen	**vatsakipuun** [ʊatsakipu:n]

Pille	**pilleri** [pilleri]
Salbe, Creme	**voide** [ʊojde]
Sirup	**nestemäinen lääke** [nestemæjnen læ:ke]
Spray	**suihke** [sujhke]
Tropfen	**tipat** [tipat]

Sie müssen ins Krankenhaus gehen.	**Sinun täytyy mennä sairaalaan.** [sinun tæyty: mennæ sajra:la:n]
Krankenversicherung	**vakuutus** [ʊaku:tus]
Rezept	**resepti** [resepti]
Insektenschutzmittel	**hyönteiskarkote** [hyøntejs·karkote]
Pflaster	**laastari** [la:stari]

Das absolute Minimum

Entschuldigen Sie bitte, …	**Anteeksi, …** [ɑnteːksi, …]
Hallo.	**Hei.** [hej]
Danke.	**Kiitos.** [kiːtos]
Auf Wiedersehen.	**Näkemiin.** [nækemiːn]
Ja.	**Kyllä.** [kyllæ]
Nein.	**Ei.** [ej]
Ich weiß nicht.	**En tiedä.** [en tiedæ]
Wo? | Wohin? | Wann?	**Missä? | Minne? | Milloin?** [missæ? | minne? | millojn?]

Ich brauche …	**Tarvitsen …** [tɑrʋitsen …]
Ich möchte …	**Haluan …** [hɑluɑn …]
Haben Sie …?	**Onko sinulla …?** [oŋko sinulla …?]
Gibt es hier …?	**Onko täällä …?** [oŋko tæːllæ …?]
Kann ich …?	**Voinko …?** [ʋojŋko …?]
Bitte (anfragen)	**…, kiitos** […, kiːtos]

Ich suche …	**Etsin …** [etsin …]
die Toilette	**WC** [ʋese]
den Geldautomat	**pankkiautomaatti** [pɑŋkki·ɑutomaːtti]
die Apotheke	**apteekki** [ɑpteːkki]
das Krankenhaus	**sairaala** [sɑjrɑːlɑ]
die Polizeistation	**poliisiasema** [poliːsi·ɑsemɑ]
die U-Bahn	**metro** [metro]

| das Taxi | **taksi**
[tɑksi] |
| den Bahnhof | **rautatieasema**
[rɑutɑtie·ɑsemɑ] |

Ich heiße …	**Nimeni on …** [nimeni on …]
Wie heißen Sie?	**Mikä sinun nimesi on?** [mikæ sinun nimesi on?]
Helfen Sie mir bitte.	**Voisitko auttaa minua?** [ʋojsitko ɑuttɑ: minuɑ?]
Ich habe ein Problem.	**Minulla on ongelma.** [minullɑ on oŋelmɑ]
Mir ist schlecht.	**En voi hyvin.** [en ʋoj hyʋin]
Rufen Sie einen Krankenwagen!	**Soita ambulanssi!** [sojtɑ ɑmbulɑnssi!]
Darf ich telefonieren?	**Voisinko soittaa?** [ʋojsiŋko sojttɑ:?]

| Entschuldigung. | **Olen pahoillani.**
[olen pɑɦojllɑni] |
| Keine Ursache. | **Ole hyvä.**
[ole hyʋæ] |

ich	**minä | mä** [minæ | mæ]
du	**sinä | sä** [sinæ | sæ]
er	**hän | se** [hæn | se]
sie	**hän | se** [hæn | se]
sie (Pl, Mask.)	**he | ne** [he | ne]
sie (Pl, Fem.)	**he | ne** [he | ne]
wir	**me** [me]
ihr	**te** [te]
Sie	**sinä** [sinæ]

EINGANG	**SISÄÄN** [sisæ:n]
AUSGANG	**ULOS** [ulos]
AUßER BETRIEB	**EPÄKUNNOSSA** [epækunnossɑ]
GESCHLOSSEN	**SULJETTU** [suljettu]

OFFEN	**AVOIN** [auojn]
FÜR DAMEN	**NAISILLE** [najsille]
FÜR HERREN	**MIEHILLE** [miehille]

KOMPAKTWÖRTERBUCH

Dieser Teil beinhaltet über
1.500 nützliche Wörter.
Das Wörterbuch beinhaltet
viele gastronomische Begriffe
und wird Ihnen hilfreich bei
der Bestellung von Essen in
einem Restaurant oder beim
Kauf von Lebensmitteln im
Lebensmittelgeschäft sein

T&P Books Publishing

INHALT WÖRTERBUCH

T&P Books Publishing

Zeit (f)	aika	[ajka]
Stunde (f)	tunti	[tunti]
eine halbe Stunde	puoli tuntia	[puoli tuntia]
Minute (f)	minuutti	[minu:tti]
Sekunde (f)	sekunti	[sekunti]
heute	tänään	[tænæ:n]
morgen	huomenna	[huomenna]
gestern	eilen	[ejlen]
Montag (m)	maanantai	[ma:nantaj]
Dienstag (m)	tiistai	[ti:staj]
Mittwoch (m)	keskiviikko	[keskivi:kko]
Donnerstag (m)	torstai	[torstaj]
Freitag (m)	perjantai	[perjantaj]
Samstag (m)	lauantai	[lauantaj]
Sonntag (m)	sunnuntai	[sunnuntaj]
Tag (m)	päivä	[pæjʋæ]
Arbeitstag (m)	työpäivä	[tyø·pæjʋæ]
Feiertag (m)	juhlapäivä	[juhla·pæjʋæ]
Wochenende (n)	viikonloppu	[ʋi:kon·loppu]
Woche (f)	viikko	[ʋi:kko]
letzte Woche	viime viikolla	[ʋi:me ʋi:kolla]
nächste Woche	ensi viikolla	[ensi ʋi:kolla]
Sonnenaufgang (m)	auringonnousu	[auriŋon·nousu]
Sonnenuntergang (m)	auringonlasku	[auriŋon·lasku]
morgens	aamulla	[a:mulla]
nachmittags	iltapäivällä	[ilta·pæjʋællæ]
abends	illalla	[illalla]
heute Abend	tänä iltana	[tænæ iltana]
nachts	yöllä	[yøllæ]
Mitternacht (f)	puoliyö	[puoli·yø]
Januar (m)	tammikuu	[tammiku:]
Februar (m)	helmikuu	[helmiku:]
März (m)	maaliskuu	[ma:lisku:]
April (m)	huhtikuu	[huhtiku:]
Mai (m)	toukokuu	[toukoku:]
Juni (m)	kesäkuu	[kesæku:]
Juli (m)	heinäkuu	[hejnæku:]
August (m)	elokuu	[eloku:]

September (m)	syyskuu	[sy:sku:]
Oktober (m)	lokakuu	[lokaku:]
November (m)	marraskuu	[marrasku:]
Dezember (m)	joulukuu	[jouluku:]

im Frühling	keväällä	[keʋæ:llæ]
im Sommer	kesällä	[kesællæ]
im Herbst	syksyllä	[syksyllæ]
im Winter	talvella	[talʋella]

Monat (m)	kuukausi	[ku:kausi]
Saison (f)	vuodenaika	[ʋuoden·ajka]
Jahr (n)	vuosi	[ʋuosi]
Jahrhundert (n)	vuosisata	[ʋuosi·sata]

2. Zahlen. Zahlwörter

Ziffer (f)	numero	[numero]
Zahl (f)	luku	[luku]
Minus (n)	miinus	[mi:nus]
Plus (n)	plusmerkki	[plus·merkki]
Summe (f)	summa	[summa]

der erste	ensimmäinen	[ensimmæjnen]
der zweite	toinen	[tojnen]
der dritte	kolmas	[kolmas]

null	nolla	[nolla]
eins	yksi	[yksi]
zwei	kaksi	[kaksi]
drei	kolme	[kolme]
vier	neljä	[neljæ]

fünf	viisi	[ʋi:si]
sechs	kuusi	[ku:si]
sieben	seitsemän	[sejtsemæn]
acht	kahdeksan	[kahdeksan]
neun	yhdeksän	[yhdeksæn]
zehn	kymmenen	[kymmenen]

elf	yksitoista	[yksi·tojsta]
zwölf	kaksitoista	[kaksi·tojsta]
dreizehn	kolmetoista	[kolme·tojsta]
vierzehn	neljätoista	[neljæ·tojsta]
fünfzehn	viisitoista	[ʋi:si·tojsta]

sechzehn	kuusitoista	[ku:si·tojsta]
siebzehn	seitsemäntoista	[sejtsemæn·tojsta]
achtzehn	kahdeksantoista	[kahdeksan·tojsta]
neunzehn	yhdeksäntoista	[yhdeksæn·tojsta]

zwanzig	kaksikymmentä	[kaksi·kymmentæ]
dreißig	kolmekymmentä	[kolme·kymmentæ]
vierzig	neljäkymmentä	[neljæ·kymmentæ]
fünfzig	viisikymmentä	[ʋi:si·kymmentæ]

sechzig	kuusikymmentä	[ku:si·kymmentæ]
siebzig	seitsemänkymmentä	[sejtsemæn·kymmentæ]
achtzig	kahdeksankymmentä	[kahdeksan·kymmentæ]
neunzig	yhdeksänkymmentä	[yhdeksæn·kymmentæ]
einhundert	sata	[sata]
zweihundert	kaksisataa	[kaksi·sata:]
dreihundert	kolmesataa	[kolme·sata:]
vierhundert	neljäsataa	[neljæ·sata:]
fünfhundert	viisisataa	[ʋi:si·sata:]

sechshundert	kuusisataa	[ku:si·sata:]
siebenhundert	seitsemänsataa	[sejtsemæn·sata:]
achthundert	kahdeksansataa	[kahdeksan·sata:]
neunhundert	yhdeksänsataa	[yhdeksæn·sata:]
eintausend	tuhat	[tuhat]

zehntausend	kymmenentuhatta	[kymmenen·tuhatta]
hunderttausend	satatuhatta	[sata·tuhatta]
Million (f)	miljoona	[miljo:na]
Milliarde (f)	miljardi	[miljardi]

3. Menschen. Familie

Mann (m)	mies	[mies]
Junge (m)	nuorukainen	[nuorukajnen]
Teenager (m)	teini-ikäinen	[tejni·ikæjnen]
Frau (f)	nainen	[najnen]
Mädchen (n)	neiti	[nejti]

Alter (n)	ikä	[ikæ]
Erwachsene (m)	aikuinen	[ajkujnen]
in mittleren Jahren	keski-ikäinen	[keski·ikæjnen]
älterer (Adj)	iäkäs	[jækæs]
alt (Adj)	vanha	[ʋanha]

Greis (m)	vanhus	[ʋanhus]
alte Frau (f)	eukko	[eukko]
Ruhestand (m)	eläke	[elæke]
in Rente gehen	jäädä eläkkeelle	[jæ:dæ elække:lle]
Rentner (m)	eläkeläinen	[elækelæjnen]

Mutter (f)	äiti	[æjti]
Vater (m)	isä	[isæ]
Sohn (m)	poika	[pojka]
Tochter (f)	tytär	[tytær]

Bruder (m)	veli	[ʋeli]
älterer Bruder (m)	vanhempi veli	[ʋanhempi ʋeli]
jüngerer Bruder (m)	nuorempi veli	[nuorempi ʋeli]
Schwester (f)	sisar	[sisar]
ältere Schwester (f)	vanhempi sisar	[ʋanhempi sisar]
jüngere Schwester (f)	nuorempi sisar	[nuorempi sisar]
Eltern (pl)	vanhemmat	[ʋanhemmat]
Kind (n)	lapsi	[lapsi]
Kinder (pl)	lapset	[lapset]
Stiefmutter (f)	äitipuoli	[æjti·puoli]
Stiefvater (m)	isäpuoli	[isæ·puoli]
Großmutter (f)	isoäiti	[iso·æjti]
Großvater (m)	isoisä	[iso·isæ]
Enkel (m)	lapsenlapsi	[lapsen·lapsi]
Enkelin (f)	lapsenlapsi	[lapsen·lapsi]
Enkelkinder (pl)	lastenlapset	[lasten·lapset]
Onkel (m)	setä	[setæ]
Tante (f)	täti	[tæti]
Neffe (m)	veljenpoika	[ʋeljen·pojka]
Nichte (f)	sisarenpoika	[sisaren·pojka]
Frau (f)	vaimo	[ʋajmo]
Mann (m)	mies	[mies]
verheiratet (Ehemann)	naimisissa	[najmisissa]
verheiratet (Ehefrau)	naimisissa	[najmisissa]
Witwe (f)	leski	[leski]
Witwer (m)	leski	[leski]
Vorname (m)	nimi	[nimi]
Name (m)	sukunimi	[suku·nimi]
Verwandte (m)	sukulainen	[sukulajnen]
Freund (m)	ystävä	[ystæʋæ]
Freundschaft (f)	ystävyys	[ystæʋy:s]
Partner (m)	partneri	[partneri]
Vorgesetzte (m)	päällikkö	[pæ:llikkø]
Kollege (m), Kollegin (f)	virkatoveri	[ʋirka·toʋeri]
Nachbarn (pl)	naapurit	[na:purit]

4. Menschlicher Körper. Anatomie

Organismus (m)	elimistö	[elimistø]
Körper (m)	vartalo	[ʋartalo]
Herz (n)	sydän	[sydæn]
Blut (n)	veri	[ʋeri]
Gehirn (n)	aivot	[ajʋot]

Nerv (m)	hermo	[hermo]
Knochen (m)	luu	[luː]
Skelett (n)	luuranko	[luːraŋko]
Wirbelsäule (f)	selkäranka	[selkæ·raŋka]
Rippe (f)	kylkiluu	[kylki·luː]
Schädel (m)	pääkallo	[pæːkallo]
Muskel (m)	lihas	[lihas]
Lungen (pl)	keuhkot	[keuhkot]
Haut (f)	iho	[iho]
Kopf (m)	pää	[pæː]
Gesicht (n)	kasvot	[kasʋot]
Nase (f)	nenä	[nenæ]
Stirn (f)	otsa	[otsa]
Wange (f)	poski	[poski]
Mund (m)	suu	[suː]
Zunge (f)	kieli	[kieli]
Zahn (m)	hammas	[hammas]
Lippen (pl)	huulet	[huːlet]
Kinn (n)	leuka	[leuka]
Ohr (n)	korva	[korʋa]
Hals (m)	kaula	[kaula]
Kehle (f)	kurkku	[kurkku]
Auge (n)	silmä	[silmæ]
Pupille (f)	silmäterä	[silmæ·teræ]
Augenbraue (f)	kulmakarva	[kulma·karʋa]
Wimper (f)	ripsi	[ripsi]
Haare (pl)	hiukset	[hiukset]
Frisur (f)	kampaus	[kampaus]
Schnurrbart (m)	viikset	[ʋiːkset]
Bart (m)	parta	[parta]
haben (einen Bart ~)	pitää	[pitæː]
kahl	kalju	[kalju]
Hand (f)	käsi	[kæsi]
Arm (m)	käsivarsi	[kæsi·ʋarssi]
Finger (m)	sormi	[sormi]
Nagel (m)	kynsi	[kynsi]
Handfläche (f)	kämmen	[kæmmen]
Schulter (f)	hartia	[hartia]
Bein (n)	jalka	[jalka]
Fuß (m)	jalkaterä	[jalka·teræ]
Knie (n)	polvi	[polʋi]
Ferse (f)	kantapää	[kantapæː]
Rücken (m)	selkä	[selkæ]
Taille (f)	vyötärö	[ʋyøtærø]

| Leberfleck (m) | luomi | [luomi] |
| Muttermal (n) | syntymämerkki | [syntymæ·merkki] |

5. Medizin. Krankheiten. Medikamente

Gesundheit (f)	terveys	[terʋeys]
gesund (Adj)	terve	[terʋe]
Krankheit (f)	sairaus	[sɑjrɑus]
krank sein	sairastaa	[sɑjrɑstɑ:]
krank (Adj)	sairas	[sɑjrɑs]

Erkältung (f)	vilustuminen	[ʋilustuminen]
sich erkälten	vilustua	[ʋilustuɑ]
Angina (f)	angiina	[ɑŋi:nɑ]
Lungenentzündung (f)	keuhkotulehdus	[keuhko·tulehdus]
Grippe (f)	influenssa	[influenssɑ]

Schnupfen (m)	nuha	[nuɦɑ]
Husten (m)	yskä	[yskæ]
husten (vi)	yskiä	[yskiæ]
niesen (vi)	aivastella	[ɑjʋɑstellɑ]

Schlaganfall (m)	aivoinfarkti	[ɑjʋo·infɑrkti]
Infarkt (m)	infarkti	[infɑrkti]
Allergie (f)	allergia	[ɑllergiɑ]
Asthma (n)	astma	[ɑstmɑ]
Diabetes (m)	diabetes	[diɑbetes]

Tumor (m)	kasvain	[kɑsʋɑjn]
Krebs (m)	syöpä	[syøpæ]
Alkoholismus (m)	alkoholismi	[ɑlkoɦolismi]
AIDS	AIDS	[ɑjds]
Fieber (n)	kuume	[ku:me]
Seekrankheit (f)	merisairaus	[meri·sɑjrɑus]

blauer Fleck (m)	mustelma	[mustelmɑ]
Beule (f)	kuhmu	[kuhmu]
hinken (vi)	ontua	[ontuɑ]
Verrenkung (f)	sijoiltaanmeno	[sijoiltɑ:nmeno]
ausrenken (vt)	siirtää sijoiltaan	[si:rtæ: sijoiltɑ:n]

Fraktur (f)	murtuma	[murtumɑ]
Verbrennung (f)	palohaava	[pɑlo·ɦɑ:ʋɑ]
Verletzung (f)	vamma, vaurio	[ʋɑmmɑ], [ʋɑurio]
Schmerz (m)	kipu	[kipu]
Zahnschmerz (m)	hammassärky	[hɑmmɑs·særky]

schwitzen (vi)	hikoilla	[hikojllɑ]
taub	kuuro	[ku:ro]
stumm	mykkä	[mykkæ]

Immunität (f)	immuniteetti	[immunite:tti]
Virus (m, n)	virus	[ʋirus]
Mikrobe (f)	mikrobi	[mikrobi]
Bakterie (f)	bakteeri	[bakte:ri]
Infektion (f)	infektio, tartunta	[infektio], [tartunta]

Krankenhaus (n)	sairaala	[sajra:la]
Heilung (f)	lääkintä	[læ:kintæ]
impfen (vt)	rokottaa	[rokotta:]
im Koma liegen	olla koomassa	[olla ko:massa]
Reanimation (f)	teho-osasto	[teho·osasto]
Symptom (n)	oire	[ojre]
Puls (m)	pulssi, syke	[pulssi], [syke]

6. Empfindungen. Gefühle. Unterhaltung

ich	minä	[minæ]
du	sinä	[sinæ]
er	hän	[hæn]
sie	hän	[hæn]
es	se	[se]

wir	me	[me]
ihr	te	[te]
sie	he	[he]

Hallo! (ugs.)	Hei!	[hej]
Hallo! (Amtsspr.)	Hei!	[hej]
Guten Morgen!	Hyvää huomenta!	[hyʋæ: huomenta]
Guten Tag!	Hyvää päivää!	[hyʋæ: pæjʋæ:]
Guten Abend!	Hyvää iltaa!	[hyʋæ: ilta:]

grüßen (vi, vt)	tervehtiä	[terʋehtiæ]
begrüßen (vt)	tervehtiä	[terʋehtiæ]
Wie geht's?	Mitä kuuluu?	[mitæ ku:lu:]
Auf Wiedersehen!	Näkemiin!	[nækemi:n]
Danke!	Kiitos!	[ki:tos]

Gefühle (pl)	tunteet	[tunte:t]
hungrig sein	olla nälkä	[olla nælkæ]
Durst haben	olla jano	[olla jano]
müde	väsynyt	[ʋæsynyt]

sorgen (vi)	huolestua	[huolestua]
nervös sein	hermostua	[hermostua]
Hoffnung (f)	toivo	[tojʋo]
hoffen (vi)	toivoa	[tojʋoa]

| Charakter (m) | luonne | [luonne] |
| bescheiden | vaatimaton | [ʋa:timaton] |

faul	laiska	[lɑjskɑ]
freigebig	antelias	[ɑnteliɑs]
talentiert	lahjakas	[lɑhjɑkɑs]

ehrlich	rehellinen	[rehellinen]
ernst	vakava	[ʋɑkɑʋɑ]
schüchtern	arka	[ɑrkɑ]
aufrichtig (Adj)	vilpitön	[ʋilpitøn]
Feigling (m)	pelkuri	[pelkuri]

schlafen (vi)	nukkua	[nukkuɑ]
Traum (m)	uni	[uni]
Bett (n)	sänky	[sæŋky]
Kissen (n)	tyyny	[tyːny]

Schlaflosigkeit (f)	unettomuus	[unettomuːs]
schlafen gehen	mennä nukkumaan	[mennæ nukkumɑːn]
Alptraum (m)	painajainen	[pɑjnɑjɑinen]
Wecker (m)	herätyskello	[herætys·kello]

Lächeln (n)	hymy	[hymy]
lächeln (vi)	hymyillä	[hymyjllæ]
lachen (vi)	nauraa	[nɑurɑː]

Zank (m)	riita	[riːtɑ]
Kränkung (f)	loukkaus	[loukkɑus]
Beleidigung (f)	närkästys	[nærkæstys]
verärgert	vihainen	[ʋihɑjnen]

7. Kleidung. Persönliche Accessoires

Kleidung (f)	vaatteet	[ʋɑːtteːt]
Mantel (m)	takki	[tɑkki]
Pelzmantel (m)	turkki	[turkki]
Jacke (z.B. Lederjacke)	takki	[tɑkki]
Regenmantel (m)	sadetakki	[sɑde·tɑkki]
Hemd (n)	paita	[pɑjtɑ]
Hose (f)	housut	[housut]
Jackett (n)	pikkutakki	[pikku·tɑkki]
Anzug (m)	puku	[puku]

Damenkleid (n)	leninki	[leniŋki]
Rock (m)	hame	[hɑme]
T-Shirt (n)	T-paita	[te·pɑjtɑ]
Bademantel (m)	kylpytakki	[kylpy·tɑkki]
Schlafanzug (m)	pyjama	[pyjɑmɑ]
Arbeitskleidung (f)	työvaatteet	[tyø·ʋɑːtteːt]

| Unterwäsche (f) | alusvaatteet | [ɑlus·ʋɑːtteːt] |
| Socken (pl) | sukat | [sukɑt] |

Büstenhalter (m)	rintaliivit	[rinta·li:uit]
Strumpfhose (f)	sukkahousut	[sukka·housut]
Strümpfe (pl)	sukat	[sukat]
Badeanzug (m)	uimapuku	[ujma·puku]

Mütze (f)	hattu	[hattu]
Schuhe (pl)	jalkineet	[jalkine:t]
Stiefel (pl)	saappaat	[sa:ppa:t]
Absatz (m)	korko	[korko]
Schnürsenkel (m)	nauha	[nauha]
Schuhcreme (f)	kenkävoide	[keŋkæ·uojde]

Baumwolle (f)	puuvilla	[pu:uilla]
Wolle (f)	villa	[uilla]
Pelz (m)	turkki, turkis	[turkki], [turkis]

Handschuhe (pl)	käsineet	[kæsine:t]
Fausthandschuhe (pl)	lapaset	[lapaset]
Schal (Kaschmir-)	kaulaliina	[kaula·li:na]
Brille (f)	silmälasit	[silmæ·lasit]
Regenschirm (m)	sateenvarjo	[sate:n·uarjo]

Krawatte (f)	solmio	[solmio]
Taschentuch (n)	nenäliina	[nenæ·li:na]
Kamm (m)	kampa	[kampa]
Haarbürste (f)	hiusharja	[hius·harja]
Schnalle (f)	solki	[solki]
Gürtel (m)	vyö	[uyø]
Handtasche (f)	käsilaukku	[kæsi·laukku]

Kragen (m)	kaulus	[kaulus]
Tasche (f)	tasku	[tasku]
Ärmel (m)	hiha	[hiha]
Hosenschlitz (m)	halkio	[halkio]

Reißverschluss (m)	vetoketju	[ueto·ketju]
Knopf (m)	nappi	[nappi]
sich beschmutzen	tahraantua	[tahra:ntua]
Fleck (m)	tahra	[tahra]

8. Stadt. Innerstädtische Einrichtungen

Laden (m)	kauppa	[kauppa]
Einkaufszentrum (n)	kauppakeskus	[kauppa·keskus]
Supermarkt (m)	supermarketti	[super·marketti]
Schuhgeschäft (n)	kenkäkauppa	[keŋkæ·kauppa]
Buchhandlung (f)	kirjakauppa	[kirja·kauppa]

| Apotheke (f) | apteekki | [apte:kki] |
| Bäckerei (f) | leipäkauppa | [lejpæ·kauppa] |

Konditorei (f)	**konditoria**	[konditoria]
Lebensmittelladen (m)	**sekatavarakauppa**	[sekatavara·kauppa]
Metzgerei (f)	**lihakauppa**	[liha·kauppa]
Gemüseladen (m)	**vihanneskauppa**	[vihannes·kauppa]
Markt (m)	**kauppatori**	[kauppa·tori]
Friseursalon (m)	**parturinliike**	[parturin·li:ke]
Post (f)	**posti**	[posti]
chemische Reinigung (f)	**kemiallinen pesu**	[kemiallinen pesu]
Zirkus (m)	**sirkus**	[sirkus]
Zoo (m)	**eläintarha**	[elæjn·tarha]
Theater (n)	**teatteri**	[teatteri]
Kino (n)	**elokuvateatteri**	[elokuva·teatteri]
Museum (n)	**museo**	[museo]
Bibliothek (f)	**kirjasto**	[kirjasto]
Moschee (f)	**moskeija**	[moskeja]
Synagoge (f)	**synagoga**	[synagoga]
Kathedrale (f)	**tuomiokirkko**	[tuomio·kirkko]
Tempel (m)	**temppeli**	[temppeli]
Kirche (f)	**kirkko**	[kirkko]
Institut (n)	**instituutti**	[institu:tti]
Universität (f)	**yliopisto**	[yli·opisto]
Schule (f)	**koulu**	[koulu]
Hotel (n)	**hotelli**	[hotelli]
Bank (f)	**pankki**	[paŋkki]
Botschaft (f)	**suurlähetystö**	[su:r·læhetystø]
Reisebüro (n)	**matkatoimisto**	[matka·tojmisto]
U-Bahn (f)	**metro**	[metro]
Krankenhaus (n)	**sairaala**	[sajra:la]
Tankstelle (f)	**bensiiniasema**	[bensi:ni·asema]
Parkplatz (m)	**parkkipaikka**	[parkki·pajkka]
EINGANG	**SISÄÄN**	[sisæ:n]
AUSGANG	**ULOS**	[ulos]
DRÜCKEN	**TYÖNNÄ**	[tyønnæ]
ZIEHEN	**VEDÄ**	[vedæ]
GEÖFFNET	**AUKI**	[auki]
GESCHLOSSEN	**KIINNI**	[ki:nni]
Denkmal (n)	**patsas**	[patsas]
Festung (f)	**linna**	[linna]
Palast (m)	**palatsi**	[palatsi]
mittelalterlich	**keskiaikainen**	[keskiajkajnen]
alt (antik)	**vanha**	[vanha]
national	**kansallinen**	[kansallinen]
berühmt	**tunnettu**	[tunnettu]

9. Geld. Finanzen

Geld (n)	raha, rahat	[raha], [rahat]
Münze (f)	kolikko	[kolikko]
Dollar (m)	dollari	[dollari]
Euro (m)	euro	[euro]
Geldautomat (m)	pankkiautomaatti	[paŋkki·automa:tti]
Wechselstube (f)	valuutanvaihtotoimisto	[valu:tan·vajhto·tojmisto]
Kurs (m)	kurssi	[kurssi]
Bargeld (n)	käteinen	[kætejnen]
Wie viel?	Kuinka paljon?	[kujŋka paljon]
zahlen (vt)	maksaa	[maksa:]
Lohn (m)	maksu	[maksu]
Wechselgeld (n)	vaihtoraha	[vajhto·raha]
Preis (m)	hinta	[hinta]
Rabatt (m)	alennus	[alennus]
billig	halpa	[halpa]
teuer	kallis	[kallis]
Bank (f)	pankki	[paŋkki]
Konto (n)	tili	[tili]
Kreditkarte (f)	luottokortti	[luotto·kortti]
Scheck (m)	sekki	[sekki]
einen Scheck schreiben	kirjoittaa shekki	[kirjoitta: ʃekki]
Scheckbuch (n)	sekkivihko	[sekki·vihko]
Schulden (pl)	velka	[velka]
Schuldner (m)	velallinen	[velallinen]
leihen (vt)	lainata jollekulle	[lajnata jolekulle]
leihen, borgen (Geld usw.)	lainata joltakulta	[lajnata joltakulta]
leihen, mieten (ein Auto usw.)	vuokrata	[vuokrata]
auf Kredit	luotolla	[luotolla]
Geldtasche (f)	lompakko	[lompakko]
Safe (m)	kassakaappi	[kassa·ka:ppi]
Erbschaft (f)	perintö	[perintø]
Vermögen (n)	varallisuus	[varallisu:s]
Steuer (f)	vero	[vero]
Geldstrafe (f)	sakko	[sakko]
bestrafen (vt)	sakottaa	[sakotta:]
Großhandels-	tukku-	[tukku]
Einzelhandels-	vähittäis-	[væhittæjs]
versichern (vt)	vakuuttaa	[vaku:tta:]
Versicherung (f)	vakuutus	[vaku:tus]
Kapital (n)	pääoma	[pæ:oma]
Umsatz (m)	kierto	[kierto]

Aktie (f)	osake	[osɑke]
Gewinn (m)	voitto	[ʋojtto]
gewinnbringend	kannattava	[kɑnnɑttɑʋɑ]

Krise (f)	kriisi	[kri:si]
Bankrott (m)	vararikko	[ʋɑrɑ·rikko]
Bankrott machen	tehdä vararikko	[tehdæ ʋɑrɑrikko]

Buchhalter (m)	kirjanpitäjä	[kirjɑn·pitæjæ]
Lohn (m)	palkka	[pɑlkkɑ]
Prämie (f)	bonus	[bonus]

10. Transport

Bus (m)	bussi	[bussi]
Straßenbahn (f)	raitiovaunu	[rɑjtio·ʋɑunu]
Obus (m)	johdinauto	[johdin·ɑuto]

mit ... fahren	mennä ...	[mennæ]
einsteigen (vi)	nousta	[nousta]
aussteigen (aus dem Bus)	astua ulos	[ɑstuɑ ulos]

Haltestelle (f)	pysäkki	[pysækki]
Endhaltestelle (f)	pääteasema	[pæ:teɑsemɑ]
Fahrplan (m)	aikataulu	[ɑjkɑ·tɑulu]
Fahrkarte (f)	lippu	[lippu]
sich verspäten	myöhästyä	[myøhæstyæ]

Taxi (n)	taksi	[tɑksi]
mit dem Taxi	taksilla	[tɑksillɑ]
Taxistand (m)	taksiasema	[tɑksi·ɑsemɑ]

Straßenverkehr (m)	liikenne	[li:kenne]
Hauptverkehrszeit (f)	ruuhka-aika	[ru:hkɑ·ɑjkɑ]
parken (vi)	pysäköidä	[pysækøjdæ]

U-Bahn (f)	metro	[metro]
Station (f)	asema	[ɑsemɑ]
Zug (m)	juna	[junɑ]
Bahnhof (m)	rautatieasema	[rɑutɑtie·ɑsemɑ]
Schienen (pl)	ratakiskot	[rɑtɑ·kiskot]
Abteil (n)	vaununosasto	[ʋɑunun·osɑsto]
Liegeplatz (m), Schlafkoje (f)	vuode	[ʋuode]

Flugzeug (n)	lentokone	[lento·kone]
Flugticket (n)	lentolippu	[lento·lippu]
Fluggesellschaft (f)	lentoyhtiö	[lento·yhtiø]
Flughafen (m)	lentoasema	[lento·ɑsemɑ]
Flug (m)	lento	[lento]
Gepäck (n)	matkatavara	[mɑtkɑ·tɑʋɑrɑ]

Kofferkuli (m)	matkatavarakärryt	[matka·tauarat·kærryt]
Schiff (n)	laiva	[lajua]
Kreuzfahrtschiff (n)	risteilijä	[ristejlijæ]
Jacht (f)	jahti	[jahti]
Boot (n)	jolla	[jolla]

Kapitän (m)	kapteeni	[kapte:ni]
Kajüte (f)	hytti	[hytti]
Hafen (m)	satama	[satama]

Fahrrad (n)	polkupyörä	[polku·pyøræ]
Motorroller (m)	skootteri	[sko:tteri]
Motorrad (n)	moottoripyörä	[mo:ttori·pyøræ]
Pedal (n)	poljin	[poljɪn]
Pumpe (f)	pumppu	[pumppu]
Rad (n)	pyörä	[pyøræ]

Auto (n)	auto	[auto]
Krankenwagen (m)	ambulanssi	[ambulanssi]
Lastkraftwagen (m)	kuorma-auto	[kuorma·auto]
gebraucht	käytetty	[kæutetty]
Unfall (m)	kolari	[kolari]
Reparatur (f)	korjaus	[korjaus]

11. Essen. Teil 1

Fleisch (n)	liha	[liha]
Hühnerfleisch (n)	kana	[kana]
Ente (f)	ankka	[aŋkka]

Schweinefleisch (n)	sianliha	[sian·liha]
Kalbfleisch (n)	vasikanliha	[uasikan·liha]
Hammelfleisch (n)	lampaanliha	[lampa:n·liha]
Rindfleisch (n)	naudanliha	[naudan·liha]

Wurst (f)	makkara	[makkara]
Ei (n)	muna	[muna]
Fisch (m)	kala	[kala]
Käse (m)	juusto	[ju:sto]
Zucker (m)	sokeri	[sokeri]
Salz (n)	suola	[suola]

Reis (m)	riisi	[ri:si]
Teigwaren (pl)	pasta, makaroni	[pasta], [makaroni]
Butter (f)	voi	[uoj]
Pflanzenöl (n)	kasviöljy	[kasui·øljy]
Brot (n)	leipä	[lejpæ]
Schokolade (f)	suklaa	[sukla:]
Wein (m)	viini	[ui:ni]
Kaffee (m)	kahvi	[kahui]

Milch (f)	maito	[majto]
Saft (m)	mehu	[mehu]
Bier (n)	olut	[olut]
Tee (m)	tee	[te:]

Tomate (f)	tomaatti	[toma:tti]
Gurke (f)	kurkku	[kurkku]
Karotte (f)	porkkana	[porkkana]
Kartoffel (f)	peruna	[peruna]
Zwiebel (f)	sipuli	[sipuli]
Knoblauch (m)	valkosipuli	[ualko·sipuli]

Kohl (m)	kaali	[ka:li]
Rote Bete (f)	punajuuri	[puna·ju:ri]
Aubergine (f)	munakoiso	[muna·kojso]
Dill (m)	tilli	[tilli]
Kopf Salat (m)	lehtisalaatti	[lehti·sala:tti]
Mais (m)	maissi	[majssi]

Frucht (f)	hedelmä	[hedelmæ]
Apfel (m)	omena	[omena]
Birne (f)	päärynä	[pæ:rynæ]
Zitrone (f)	sitruuna	[sitru:na]
Apfelsine (f)	appelsiini	[appelsi:ni]
Erdbeere (f)	mansikka	[mansikka]

Pflaume (f)	luumu	[lu:mu]
Himbeere (f)	vadelma	[uadelma]
Ananas (f)	ananas	[ananas]
Banane (f)	banaani	[bana:ni]
Wassermelone (f)	vesimeloni	[uesi·meloni]
Weintrauben (pl)	viinirypäleet	[ui:ni·rypæle:t]
Melone (f)	meloni	[meloni]

12. Essen. Teil 2

Küche (f)	keittiö	[kejttiø]
Rezept (n)	resepti	[resepti]
Essen (n)	ruoka	[ruoka]

frühstücken (vi)	syödä aamiaista	[syødæ a:miajsta]
zu Mittag essen	syödä lounasta	[syødæ lounasta]
zu Abend essen	syödä illallista	[syødæ illallista]

Geschmack (m)	maku	[maku]
lecker	maukas	[maukas]
kalt	kylmä	[kylmæ]
heiß	kuuma	[ku:ma]
süß	makea	[makea]
salzig	suolainen	[suolajnen]

belegtes Brot (n)	voileipä	[ʋoj·lejpæ]
Beilage (f)	lisäke	[lisæke]
Füllung (f)	täyte	[tæyte]
Soße (f)	kastike	[kastike]
Stück (ein ~ Kuchen)	pala, viipale	[pala], [ʋi:pale]

Diät (f)	dieetti	[die:ti]
Vitamin (n)	vitamiini	[ʋitami:ni]
Kalorie (f)	kalori	[kalori]
Vegetarier (m)	kasvissyöjä	[kasʋissyøjæ]

Restaurant (n)	ravintola	[raʋintola]
Kaffeehaus (n)	kahvila	[kahʋila]
Appetit (m)	ruokahalu	[ruoka·halu]
Guten Appetit!	Hyvää ruokahalua!	[hyʋæ: ruokahalua]

Kellner (m)	tarjoilija	[tarjoilija]
Kellnerin (f)	tarjoilijatar	[tarjoilijatar]
Barmixer (m)	baarimestari	[ba:ri·mestari]
Speisekarte (f)	ruokalista	[ruoka·lista]

Löffel (m)	lusikka	[lusikka]
Messer (n)	veitsi	[ʋejtsi]
Gabel (f)	haarukka	[ha:rukka]
Tasse (eine ~ Tee)	kuppi	[kuppi]

Teller (m)	lautanen	[lautanen]
Untertasse (f)	teevati	[te:ʋati]
Serviette (f)	lautasliina	[lautas·li:na]
Zahnstocher (m)	hammastikku	[hammas·tikku]

bestellen (vt)	tilata	[tilata]
Gericht (n)	ruokalaji	[ruoka·laji]
Portion (f)	annos	[annos]
Vorspeise (f)	alkupala	[alku·pala]
Salat (m)	salaatti	[sala:tti]
Suppe (f)	keitto	[kejtto]

Nachtisch (m)	jälkiruoka	[jælki·ruoka]
Konfitüre (f)	hillo	[hillo]
Eis (n)	jäätelö	[jæ:telø]
Rechnung (f)	lasku	[lasku]
Rechnung bezahlen	maksaa lasku	[maksa: lasku]
Trinkgeld (n)	juomaraha	[juoma·raha]

13. Haus. Wohnung. Teil 1

Haus (n)	koti	[koti]
Landhaus (n)	maatalo	[ma:talo]
Villa (f)	huvila	[huʋila]

Stock (m)	kerros	[kerros]
Eingang (m)	sisäänkäynti	[sisæ:n·kæynti]
Wand (f)	seinä	[sejnæ]
Dach (n)	katto	[katto]
Schlot (m)	savupiippu	[sɑʋu·pi:ppu]

Dachboden (m)	ullakko	[ullakko]
Fenster (n)	ikkuna	[ikkuna]
Fensterbrett (n)	ikkunalauta	[ikkuna·lauta]
Balkon (m)	parveke	[parʋeke]

Treppe (f)	portaat	[portɑ:t]
Briefkasten (m)	postilaatikko	[postila:tikko]
Müllkasten (m)	roskis	[roskis]
Aufzug (m)	hissi	[hissi]

Elektrizität (f)	sähkö	[sæhkø]
Glühbirne (f)	lamppu	[lamppu]
Schalter (m)	kytkin	[kytkin]
Steckdose (f)	pistorasia	[pisto·rasia]
Sicherung (f)	suojalaite	[suoja·lajte]

Tür (f)	ovi	[oʋi]
Griff (m)	kahva	[kahʋɑ]
Schlüssel (m)	avain	[aʋɑjn]
Fußmatte (f)	matto	[matto]

Schloss (n)	lukko	[lukko]
Türklingel (f)	ovikello	[oʋi·kello]
Klopfen (n)	koputus	[koputus]
anklopfen (vi)	koputtaa	[koputtɑ:]
Türspion (m)	ovisilmä	[oʋi·silmæ]

Hof (m)	piha	[piɦɑ]
Garten (m)	puutarha	[pu:tarhɑ]
Schwimmbad (n)	uima-allas	[ujmɑ·allas]
Kraftraum (m)	urheiluhalli	[urhejlu·halli]
Tennisplatz (m)	tenniskenttä	[tennis·kenttæ]
Garage (f)	autotalli	[auto·talli]

Privateigentum (n)	yksityisomaisuus	[yksityjs·omajsu:s]
Warnschild (n)	varoituskirjoitus	[ʋɑrojtus·kirjoitus]
Bewachung (f)	vartio	[ʋɑrtio]
Wächter (m)	vartija	[ʋɑrtijɑ]

Renovierung (f)	remontointi	[remontojnti]
renovieren (vt)	remontoida	[remontojdɑ]
in Ordnung bringen	panna järjestykseen	[panna jærjestykse:n]
streichen (vt)	maalata	[mɑ:lɑtɑ]
Tapete (f)	tapetit	[tapetit]
lackieren (vt)	lakata	[lɑkɑtɑ]
Rohr (n)	putki	[putki]

Werkzeuge (pl)	työkalut	[tyø·kɑlut]
Keller (m)	kellari	[kellɑri]
Kanalisation (f)	viemäri	[ʋiemæri]

14. Haus. Wohnung. Teil 2

Wohnung (f)	asunto	[ɑsunto]
Zimmer (n)	huone	[huone]
Schlafzimmer (n)	makuuhuone	[mɑku:huone]
Esszimmer (n)	ruokailuhuone	[ruokɑjlu·huone]

Wohnzimmer (n)	vierashuone	[ʋierɑs·huone]
Arbeitszimmer (n)	työhuone	[tyø·huone]
Vorzimmer (n)	eteinen	[etejnen]
Badezimmer (n)	kylpyhuone	[kylpy·huone]
Toilette (f)	vessa	[ʋessɑ]

| Fußboden (m) | lattia | [lɑttiɑ] |
| Decke (f) | sisäkatto | [sisæ·kɑtto] |

Staub abwischen	pyyhkiä pölyt	[py:hkiæ pølyt]
Staubsauger (m)	pölynimuri	[pølyn·imuri]
Staub saugen	imuroida	[imurojdɑ]

Schrubber (m)	lattiaharja	[lɑttiɑ·hɑrjɑ]
Lappen (m)	rätti	[rætti]
Besen (m)	luuta	[lu:tɑ]
Kehrichtschaufel (f)	rikkalapio	[rikkɑ·lɑpio]
Möbel (n)	huonekalut	[huone·kɑlut]
Tisch (m)	pöytä	[pøytæ]
Stuhl (m)	tuoli	[tuoli]
Sessel (m)	nojatuoli	[nojɑ·tuoli]

Bücherschrank (m)	kaappi	[kɑ:ppi]
Regal (n)	hylly	[hylly]
Schrank (m)	vaatekaappi	[ʋɑ:te·kɑ:ppi]

Spiegel (m)	peili	[pejli]
Teppich (m)	matto	[mɑtto]
Kamin (m)	takka	[tɑkkɑ]
Vorhänge (pl)	kaihtimet	[kɑjhtimet]
Tischlampe (f)	pöytälamppu	[pøytæ·lɑmppu]
Kronleuchter (m)	kattokruunu	[kɑtto·kru:nu]

Küche (f)	keittiö	[kejttiø]
Gasherd (m)	kaasuliesi	[kɑ:su·liesi]
Elektroherd (m)	sähköhella	[sæhkø·hellɑ]
Mikrowellenherd (m)	mikroaaltouuni	[mikro·ɑ:ltou·u:ni]
Kühlschrank (m)	jääkaappi	[jæ:kɑ:ppi]
Tiefkühltruhe (f)	pakastin	[pɑkɑstin]

| Geschirrspülmaschine (f) | astianpesukone | [ɑstiɑn·pesu·kone] |
| Wasserhahn (m) | hana | [hɑnɑ] |

Fleischwolf (m)	lihamylly	[liɦɑ·mylly]
Saftpresse (f)	mehunpuristin	[meɦun·puristin]
Toaster (m)	leivänpaahdin	[lejuæn·pɑ:hdin]
Mixer (m)	sekoitin	[sekojtin]

Kaffeemaschine (f)	kahvinkeitin	[kɑhʋiŋ·kejtin]
Wasserkessel (m)	teepannu	[te:pɑnnu]
Teekanne (f)	teekannu	[te:kɑnnu]

Fernseher (m)	televisio	[teleʋisio]
Videorekorder (m)	videonauhuri	[ʋideo·nɑuɦuri]
Bügeleisen (n)	silitysrauta	[silitys·rɑutɑ]
Telefon (n)	puhelin	[puɦelin]

15. Beschäftigung. Sozialstatus

Direktor (m)	johtaja	[johtɑjɑ]
Vorgesetzte (m)	päällikkö	[pæ:llikkø]
Präsident (m)	presidentti	[presidentti]
Helfer (m)	apulainen	[ɑpulɑjnen]
Sekretär (m)	sihteeri	[sihte:ri]

Besitzer (m)	omistaja	[omistɑjɑ]
Partner (m)	partneri	[pɑrtneri]
Aktionär (m)	osakkeenomistaja	[osɑkke:n·omistɑjɑ]

Geschäftsmann (m)	liikemies	[li:kemies]
Millionär (m)	miljonääri	[miljonæ:ri]
Milliardär (m)	miljardööri	[miljɑrdø:ri]

Schauspieler (m)	näyttelijä	[næyttelijæ]
Architekt (m)	arkkitehti	[ɑrkkitehti]
Bankier (m)	pankkiiri	[pɑŋkki:ri]
Makler (m)	pörssimeklari	[pørssi·meklɑri]
Tierarzt (m)	eläinlääkäri	[elæjn·læ:kɑri]
Arzt (m)	lääkäri	[læ:kæri]
Zimmermädchen (n)	huonesiivooja	[huone·si:ʋo:jɑ]
Designer (m)	muotoilija	[muotojlijɑ]
Korrespondent (m)	kirjeenvaihtaja	[kirje:n·ʋɑjhtɑjɑ]
Ausfahrer (m)	kuriiri	[kuri:ri]

Elektriker (m)	sähkömies	[sæhkømies]
Musiker (m)	muusikko	[mu:sikko]
Kinderfrau (f)	lastenhoitaja	[lasten·hojtɑjɑ]
Friseur (m)	parturi	[pɑrturi]
Hirt (m)	paimen	[pɑjmen]
Sänger (m)	laulaja	[lɑulɑjɑ]

Übersetzer (m)	kääntäjä	[kæ:ntæjæ]
Schriftsteller (m)	kirjailija	[kirjailija]
Zimmermann (m)	kirvesmies	[kiruesmies]
Koch (m)	kokki	[kokki]
Feuerwehrmann (m)	palomies	[palomies]
Polizist (m)	poliisi	[poli:si]
Briefträger (m)	postinkantaja	[postiŋ·kantaja]
Programmierer (m)	ohjelmoija	[ohjelmoja]
Verkäufer (m)	myyjä	[my:jæ]
Arbeiter (m)	työläinen	[tyølæjnen]
Gärtner (m)	puutarhuri	[pu:tarhuri]
Klempner (m)	putkimies	[putkimies]
Zahnarzt (m)	hammaslääkäri	[hammas·læ:kæri]
Flugbegleiterin (f)	lentoemäntä	[lento·emæntæ]
Tänzer (m)	tanssija	[tanssija]
Leibwächter (m)	henkivartija	[heŋki·uartija]
Wissenschaftler (m)	tiedemies	[tiedemies]
Lehrer (m)	opettaja	[opettaja]
Farmer (m)	farmari	[farmari]
Chirurg (m)	kirurgi	[kirurgi]
Bergarbeiter (m)	kaivosmies	[kajuosmies]
Chefkoch (m)	keittiömestari	[kejttiø·mestari]
Fahrer (m)	kuljettaja	[kuljettaja]

16. Sport

Sportart (f)	urheilulaji	[urhejlu·lajı]
Fußball (m)	jalkapallo	[jalka·pallo]
Eishockey (n)	jääkiekko	[jæ:kækko]
Basketball (m)	koripallo	[koripallo]
Baseball (m, n)	baseball	[bejseboll]
Volleyball (m)	lentopallo	[lento·pallo]
Boxen (n)	nyrkkeily	[nyrkkejly]
Ringen (n)	paini	[pajni]
Tennis (n)	tennis	[tennis]
Schwimmen (n)	uinti	[ujnti]
Schach (n)	šakki	[ʃakki]
Lauf (m)	juoksu	[juoksu]
Leichtathletik (f)	yleisurheilu	[ylejsurhejlu]
Eiskunstlauf (m)	taitoluistelu	[tajto·lujstelu]
Radfahren (n)	pyöräily	[pyøræjly]
Billard (n)	biljardi	[biljardi]
Bodybuilding (n)	kehonrakennus	[keɦon·rakennus]

Golf (n)	golf	[golf]
Tauchen (n)	sukellus	[sukellus]
Segelsport (m)	purjehdus	[purjehdus]
Bogenschießen (n)	jousiammunta	[jousiam·munta]

Halbzeit (f)	puoliaika	[puoli·ajka]
Halbzeit (f), Pause (f)	väliaika, puoliaika	[υæli·ajka], [puoli·ajka]
Unentschieden (n)	tasapeli	[tasa·peli]
unentschieden spielen	pelata tasan	[pelata tasan]

Laufband (n)	juoksumatto	[juoksu·matto]
Spieler (m)	pelaaja	[pela:ja]
Ersatzspieler (m)	vaihtopelaaja	[υajhto·pela:ja]
Ersatzbank (f)	varamiespenkki	[υaramies·peŋkki]

Spiel (n)	ottelu, matsi	[ottelu], [matsi]
Tor (n)	maali	[ma:li]
Torwart (m)	maalivahti	[ma:li·υahti]
Tor (n)	maali	[ma:li]

Olympische Spiele (pl)	Olympiakisat	[olympia·kisat]
einen Rekord aufstellen	saavuttaa ennätys	[sa:υutta: ennætys]
Finale (n)	finaali, loppuottelu	[fina:li], [loppu·ottelu]
Meister (m)	mestari	[mestari]
Meisterschaft (f)	mestaruuskilpailut	[mestaru:s·kilpajlut]

Sieger (m)	voittaja	[υojttaja]
Sieg (m)	voitto	[υojtto]
gewinnen (Sieger sein)	voittaa	[υojtta:]
verlieren (vt)	hävitä	[hæυitæ]
Medaille (f)	mitali	[mitali]

der erste Platz	ensimmäinen sija	[ensimmæjnen sija]
der zweite Platz	toinen sija	[tojnen sija]
der dritte Platz	kolmas sija	[kolmas sija]

Stadion (n)	stadion	[stadion]
Fan (m)	penkkiurheilija	[peŋkki·urhejlija]
Trainer (m)	valmentaja	[υalmentaja]
Training (n)	valmennus	[υalmennus]

17. Fremdsprachen. Orthografie

Sprache (f)	kieli	[kieli]
studieren (z.B. Jura ~)	opiskella	[opiskella]
Aussprache (f)	artikulaatio	[artikula:tio]
Akzent (m)	korostus	[korostus]

| Substantiv (n) | substantiivi | [substanti:υi] |
| Adjektiv (n) | adjektiivi | [adjekti:υi] |

| Verb (n) | verbi | [verbi] |
| Adverb (n) | adverbi | [adverbi] |

Pronomen (n)	pronomini	[pronomini]
Interjektion (f)	interjektio	[interjektio]
Präposition (f)	prepositio	[prepositio]

Wurzel (f)	sanan vartalo	[sanan vartalo]
Endung (f)	pääte	[pæ:te]
Vorsilbe (f)	etuliite	[etuli:te]
Silbe (f)	tavu	[tavu]
Suffix (n), Nachsilbe (f)	suffiksi, jälkiliite	[suffiksi], [jælkili:te]

Betonung (f)	paino	[pajno]
Punkt (m)	piste	[piste]
Komma (n)	pilkku	[pilkku]
Doppelpunkt (m)	kaksoispiste	[kaksojs·piste]
Auslassungspunkte (pl)	pisteryhmä	[piste·ryhmæ]

Frage (f)	kysymys	[kysymys]
Fragezeichen (n)	kysymysmerkki	[kysymys·merkki]
Ausrufezeichen (n)	huutomerkki	[hu:to·merkki]

in Anführungszeichen	lainausmerkeissä	[lajnaus·merkejssæ]
in Klammern	sulkumerkeissä	[sulku·merkejssæ]
Buchstabe (m)	kirjain	[kirjain]
Großbuchstabe (m)	iso kirjain	[iso kirjain]

Satz (m)	lause	[lause]
Wortverbindung (f)	sanaliitto	[sana·li:tto]
Redensart (f)	sanonta	[sanonta]

Subjekt (n)	subjekti	[subjekti]
Prädikat (n)	predikaatti	[predika:tti]
Zeile (f)	rivi	[rivi]
Absatz (m)	kappale	[kappale]

Synonym (n)	synonyymi	[synony:mi]
Antonym (n)	antonyymi	[antony:mi]
Ausnahme (f)	poikkeus	[pojkkeus]
unterstreichen (vt)	alleviivata	[allevi:vata]

Regeln (pl)	säännöt	[sæ:nnøt]
Grammatik (f)	kielioppi	[kieli·oppi]
Vokabular (n)	sanasto	[sanasto]
Phonetik (f)	fonetiikka	[foneti:kka]
Alphabet (n)	aakkoset	[a:kkoset]

Lehrbuch (n)	oppikirja	[oppi·kirja]
Wörterbuch (n)	sanakirja	[sana·kirja]
Sprachführer (m)	fraasisanakirja	[fra:si·sana·kirja]
Wort (n)	sana	[sana]

| Bedeutung (f) | merkitys | [merkitys] |
| Gedächtnis (n) | muisti | [mujsti] |

18. Die Erde. Geografie

Erde (f)	Maa	[mɑ:]
Erdkugel (f)	maapallo	[mɑ:pallo]
Planet (m)	planeetta	[plɑne:ttɑ]

Geographie (f)	maantiede	[mɑ:n·tiede]
Natur (f)	luonto	[luonto]
Landkarte (f)	kartta	[kɑrttɑ]
Atlas (m)	atlas	[ɑtlɑs]

im Norden	pohjoisessa	[pohjoisessɑ]
im Süden	etelässä	[etelæssæ]
im Westen	lännessä	[lænnessæ]
im Osten	idässä	[idæssæ]

Meer (n), See (f)	meri	[meri]
Ozean (m)	valtameri	[ʋɑltɑ·meri]
Golf (m)	lahti	[lɑhti]
Meerenge (f)	salmi	[sɑlmi]

Kontinent (m)	manner	[mɑnner]
Insel (f)	saari	[sɑ:ri]
Halbinsel (f)	niemimaa	[niemi·mɑ:]
Archipel (m)	saaristo	[sɑ:risto]

Hafen (m)	satama	[sɑtɑmɑ]
Korallenriff (n)	koralliriutta	[korɑlli·riuttɑ]
Ufer (n)	merenranta	[meren·rɑntɑ]
Küste (f)	rannikko	[rɑnnikko]

| Flut (f) | vuoksi | [ʋuoksi] |
| Ebbe (f) | laskuvesi | [lɑsku·ʋesi] |

Breite (f)	leveyspiiri	[leʋeys·pi:ri]
Länge (f)	pituus	[pitu:s]
Breitenkreis (m)	leveyspiiri	[leʋeys·pi:ri]
Äquator (m)	päiväntasaaja	[pæjʋæn·tɑsɑ:jɑ]

Himmel (m)	taivas	[tɑjʋɑs]
Horizont (m)	horisontti	[horisontti]
Atmosphäre (f)	ilmakehä	[ilmɑkehæ]

Berg (m)	vuori	[ʋuori]
Gipfel (m)	huippu	[hujppu]
Fels (m)	kalju	[kɑlju]
Hügel (m)	mäki	[mæki]

Vulkan (m)	**tulivuori**	[tuli·ʋuori]
Gletscher (m)	**jäätikkö**	[jæ:tikkø]
Wasserfall (m)	**vesiputous**	[ʋesi·putous]
Ebene (f)	**tasanko**	[tasaŋko]

Fluss (m)	**joki**	[joki]
Quelle (f)	**lähde**	[læhde]
Ufer (n)	**ranta**	[ranta]
stromabwärts	**myötävirtaan**	[myøtæʋirta:n]
stromaufwärts	**ylävirtaan**	[ylæ·ʋirta:n]

See (m)	**järvi**	[jærʋi]
Damm (m)	**pato**	[pato]
Kanal (m)	**kanava**	[kanaʋa]
Sumpf (m), Moor (n)	**suo**	[suo]
Eis (n)	**jää**	[jæ:]

19. Länder. Teil 1

Europa (n)	**Eurooppa**	[euro:ppa]
Europäische Union (f)	**Euroopan unioni**	[euro:pan unioni]
Europäer (m)	**eurooppalainen**	[euro:ppalajnen]
europäisch	**eurooppalainen**	[euro:ppalajnen]

Österreich	**Itävalta**	[itæʋalta]
Großbritannien	**Iso-Britannia**	[iso·britannia]
England	**Englanti**	[eŋlanti]
Belgien	**Belgia**	[belgia]
Deutschland	**Saksa**	[saksa]

Niederlande (f)	**Alankomaat**	[alaŋkoma:t]
Holland (n)	**Hollanti**	[hollanti]
Griechenland	**Kreikka**	[krejkka]
Dänemark	**Tanska**	[tanska]
Irland	**Irlanti**	[irlanti]

Island	**Islanti**	[islanti]
Spanien	**Espanja**	[espanja]
Italien	**Italia**	[italia]
Zypern	**Kypros**	[kypros]
Malta	**Malta**	[malta]

Norwegen	**Norja**	[norja]
Portugal	**Portugali**	[portugali]
Finnland	**Suomi**	[suomi]
Frankreich	**Ranska**	[ranska]
Schweden	**Ruotsi**	[ruotsi]

Schweiz (f)	**Sveitsi**	[sʋejtsi]
Schottland	**Skotlanti**	[skotlanti]

Vatikan (m)	Vatikaanivaltio	[ʋatika:ni·ʋaltio]
Liechtenstein	Liechtenstein	[lihtenʃtajn]
Luxemburg	Luxemburg	[lyksemburg]

Monaco	Monaco	[monɑko]
Albanien	Albania	[albania]
Bulgarien	Bulgaria	[bulgaria]
Ungarn	Unkari	[uŋkari]
Lettland	Latvia	[latʋia]

Litauen	Liettua	[liettua]
Polen	Puola	[puola]
Rumänien	Romania	[romania]
Serbien	Serbia	[serbia]
Slowakei (f)	Slovakia	[sloʋakia]

Kroatien	Kroatia	[kroatia]
Tschechien	Tšekki	[tʃekki]
Estland	Viro	[ʋiro]
Bosnien und Herzegowina	Bosnia ja Hertsegovina	[bosnia ja hertsegoʋina]
Makedonien	Makedonia	[makedonia]

Slowenien	Slovenia	[sloʋenia]
Montenegro	Montenegro	[monte·negro]
Weißrussland	Valko-Venäjä	[ʋalko·ʋenæejæ]
Moldawien	Moldova	[moldoʋa]
Russland	Venäjä	[ʋenæejæ]
Ukraine (f)	Ukraina	[ukrajna]

20. Länder. Teil 2

Asien	Aasia	[a:sia]
Vietnam	Vietnam	[ʋjetnam]
Indien	Intia	[intia]
Israel	Israel	[israel]
China	Kiina	[ki:na]

Libanon (m)	Libanon	[libanon]
Mongolei (f)	Mongolia	[moŋolia]
Malaysia	Malesia	[malesia]
Pakistan	Pakistan	[pakistan]
Saudi-Arabien	Saudi-Arabia	[saudi·arabia]

Thailand	Thaimaa	[thajma:]
Taiwan	Taiwan	[tajʋan]
Türkei (f)	Turkki	[turkki]
Japan	Japani	[japani]
Afghanistan	Afganistan	[afganistan]
Bangladesch	Bangladesh	[baŋladeʃ]
Indonesien	Indonesia	[indonesia]

Jordanien	Jordania	[jordania]
Irak	Irak	[irak]
Iran	Iran	[iran]

Kambodscha	Kambodža	[kambodʒa]
Kuwait	Kuwait	[kuʋajt]
Laos	Laos	[laos]
Myanmar	Myanmar	[myanmar]
Nepal	Nepal	[nepal]

Vereinigten Arabischen Emirate	Arabiemiirikuntien liitto	[arabi·emi:ri·kuntien li:tto]
Syrien	Syyria	[sy:ria]
Palästina	Palestiinalaishallinto	[palesti:nalajs·hallinto]
Südkorea	Etelä-Korea	[etelæ·korea]
Nordkorea	Pohjois-Korea	[pohjois·korea]

Die Vereinigten Staaten	Yhdysvallat	[yhdys·ʋallat]
Kanada	Kanada	[kanada]
Mexiko	Meksiko	[meksiko]
Argentinien	Argentiina	[argenti:na]
Brasilien	Brasilia	[brasilia]

Kolumbien	Kolumbia	[kolumbia]
Kuba	Kuuba	[ku:ba]
Chile	Chile	[tʃile]
Venezuela	Venezuela	[ʋenezuela]
Ecuador	Ecuador	[ekuador]

Die Bahamas	Bahama	[baɦama]
Panama	Panama	[panama]
Ägypten	Egypti	[egypti]
Marokko	Marokko	[marokko]
Tunesien	Tunisia	[tunisia]

Kenia	Kenia	[kenia]
Libyen	Libya	[libya]
Republik Südafrika	Etelä-Afrikka	[etelæ·afrikka]
Australien	Australia	[australia]
Neuseeland	Uusi-Seelanti	[u:si·se:lanti]

21. Wetter. Naturkatastrophen

Wetter (n)	sää	[sæ:]
Wetterbericht (m)	sääennuste	[sæ:ennuste]
Temperatur (f)	lämpötila	[læmpøtila]
Thermometer (n)	lämpömittari	[læmpø·mittari]
Barometer (n)	ilmapuntari	[ilma·puntari]
Sonne (f)	aurinko	[auriŋko]
scheinen (vi)	paistaa	[pajsta:]

sonnig (Adj)	aurinkoinen	[auriŋkojnen]
aufgehen (vi)	nousta	[nousta]
untergehen (vi)	istuutua	[istu:tua]

Regen (m)	sade	[sade]
Es regnet	sataa vettä	[sata: vɐttæ]
strömender Regen (m)	kaatosade	[ka:to·sade]
Regenwolke (f)	sadepilvi	[sade·pilʋi]
Pfütze (f)	lätäkkö	[lætækkø]
nass werden (vi)	tulla märäksi	[tulla mæræksi]

Gewitter (n)	ukkonen	[ukkonen]
Blitz (m)	salama	[salama]
blitzen (vi)	välkkyä	[ʋælkkyæ]
Donner (m)	ukkonen	[ukkonen]
Es donnert	ukkonen jyrisee	[ukkonen yrise:]
Hagel (m)	raesade	[raesade]
Es hagelt	sataa rakeita	[sata: rakejta]

Hitze (f)	helle	[helle]
ist heiß	on kuumaa	[on ku:ma:]
ist warm	on lämmintä	[on læmmintæ]
ist kalt	on kylmää	[on kylmæ:]

Nebel (m)	sumu	[sumu]
neblig (-er Tag)	sumuinen	[sumujnen]
Wolke (f)	pilvi	[pilʋi]
bewölkt, wolkig	pilvinen	[pilʋinen]
Feuchtigkeit (f)	kosteus	[kosteus]

Schnee (m)	lumi	[lumi]
Es schneit	sataa lunta	[sata: lunta]
Frost (m)	pakkanen	[pakkanen]
unter Null	nollan alapuolella	[nollan alapuolella]
Reif (m)	huurre	[hu:rre]

Unwetter (n)	koiranilma	[kojran·ilma]
Katastrophe (f)	katastrofi	[katastrofi]
Überschwemmung (f)	tulva	[tulʋa]
Lawine (f)	lumivyöry	[lumi·ʋyøry]
Erdbeben (n)	maanjäristys	[ma:n·jaristys]

Erschütterung (f)	maantärähdys	[ma:n·tæræhdys]
Epizentrum (n)	episentrumi	[episentrumi]
Ausbruch (m)	purkaus	[purkaus]
Lava (f)	laava	[la:ʋa]

Tornado (m)	tornado	[tornado]
Wirbelsturm (m)	pyörremyrsky	[pyørre·myrsky]
Orkan (m)	hirmumyrsky	[hirmu·myrsky]
Tsunami (m)	tsunami	[tsunami]
Zyklon (m)	sykloni	[sykloni]

22. Tiere. Teil 1

Tier (n)	eläin	[elæjn]
Raubtier (n)	peto	[peto]
Tiger (m)	tiikeri	[ti:keri]
Löwe (m)	leijona	[leijona]
Wolf (m)	susi	[susi]
Fuchs (m)	kettu	[kettu]
Jaguar (m)	jaguaari	[jagua:ri]
Luchs (m)	ilves	[ilʋes]
Kojote (m)	kojootti	[kojo:tti]
Schakal (m)	sakaali	[saka:li]
Hyäne (f)	hyeena	[hye:na]
Eichhörnchen (n)	orava	[oraʋa]
Igel (m)	siili	[si:li]
Kaninchen (n)	kaniini	[kani:ni]
Waschbär (m)	pesukarhu	[pesu·karhu]
Hamster (m)	hamsteri	[hamsteri]
Maulwurf (m)	maamyyrä	[ma:my:ræ]
Maus (f)	hiiri	[hi:ri]
Ratte (f)	rotta	[rotta]
Fledermaus (f)	lepakko	[lepakko]
Biber (m)	majava	[majaʋa]
Pferd (n)	hevonen	[heʋonen]
Hirsch (m)	poro	[poro]
Kamel (n)	kameli	[kameli]
Zebra (n)	seepra	[se:pra]
Wal (m)	valas	[ʋalas]
Seehund (m)	hylje	[hylje]
Walroß (n)	mursu	[mursu]
Delfin (m)	delfiini	[delfi:ni]
Bär (m)	karhu	[karhu]
Affe (m)	apina	[apina]
Elefant (m)	norsu	[norsu]
Nashorn (n)	sarvikuono	[sarʋi·kuono]
Giraffe (f)	kirahvi	[kirahʋi]
Flusspferd (n)	virtahepo	[ʋirta·hepo]
Känguru (n)	kenguru	[keŋuru]
Katze (f)	kissa	[kissa]
Hund (m)	koira	[kojra]
Kuh (f)	lehmä	[lehmæ]
Stier (m)	sonni	[sonni]

| Schaf (n) | lammas | [lɑmmɑs] |
| Ziege (f) | vuohi | [ʋuoɦi] |

Esel (m)	aasi	[ɑ:si]
Schwein (n)	sika	[sikɑ]
Huhn (n)	kana	[kɑnɑ]
Hahn (m)	kukko	[kukko]

Ente (f)	ankka	[ɑŋkkɑ]
Gans (f)	hanhi	[hɑnhi]
Pute (f)	kalkkuna	[kɑlkkunɑ]
Schäferhund (m)	paimenkoira	[pɑjmeŋ·kojrɑ]

23. Tiere. Teil 2

Vogel (m)	lintu	[lintu]
Taube (f)	kyyhky	[ky:hky]
Spatz (m)	varpunen	[ʋɑrpunen]
Meise (f)	tiainen	[tiɑjnen]
Elster (f)	harakka	[hɑrɑkkɑ]

Adler (m)	kotka	[kotkɑ]
Habicht (m)	haukka	[hɑukkɑ]
Falke (m)	jalohaukka	[jɑlo·hɑukkɑ]

Schwan (m)	joutsen	[joutsen]
Kranich (m)	kurki	[kurki]
Storch (m)	haikara	[hɑjkɑrɑ]
Papagei (m)	papukaija	[pɑpukɑijɑ]
Pfau (m)	riikinkukko	[ri:kiŋ·kukko]
Strauß (m)	strutsi	[strutsi]

Reiher (m)	haikara	[hɑjkɑrɑ]
Nachtigall (f)	satakieli	[sɑtɑ·kieli]
Schwalbe (f)	pääskynen	[pæ:skynen]
Specht (m)	tikka	[tikkɑ]
Kuckuck (m)	käki	[kæki]
Eule (f)	pöllö	[pøllø]

Pinguin (m)	pingviini	[piŋʋi:ni]
Tunfisch (m)	tonnikala	[tonnikɑlɑ]
Forelle (f)	taimen	[tɑjmen]
Aal (m)	ankerias	[ɑŋkeriɑs]

Hai (m)	hai	[hɑj]
Krabbe (f)	taskurapu	[tɑsku·rɑpu]
Meduse (f)	meduusa	[medu:sɑ]
Krake (m)	meritursas	[meri·tursɑs]
Seestern (m)	meritähti	[meri·tæhti]
Seeigel (m)	merisiili	[meri·si:li]

| Seepferdchen (n) | merihevonen | [meri·heυonen] |
| Garnele (f) | katkarapu | [katkarapu] |

Schlange (f)	käärme	[kæ:rme]
Viper (f)	kyy	[ky:]
Eidechse (f)	lisko	[lisko]
Leguan (m)	iguaani	[iguα:ni]
Chamäleon (n)	kameleontti	[kameleontti]
Skorpion (m)	skorpioni	[skorpioni]

Schildkröte (f)	kilpikonna	[kilpi·konna]
Frosch (m)	sammakko	[sammakko]
Krokodil (n)	krokotiili	[krokoti:li]
Insekt (n)	hyönteinen	[hyøntejnen]
Schmetterling (m)	perhonen	[perhonen]
Ameise (f)	muurahainen	[mu:raɦajnen]
Fliege (f)	kärpänen	[kærpænen]

Mücke (f)	hyttynen	[hyttynen]
Käfer (m)	kovakuoriainen	[koυa·kuoriajnen]
Biene (f)	mehiläinen	[meɦilæjnen]
Spinne (f)	hämähäkki	[hæmæɦækki]
Marienkäfer (m)	leppäkerttu	[leppæ·kerttu]

24. Flora. Bäume

Baum (m)	puu	[pu:]
Birke (f)	koivu	[kojυu]
Eiche (f)	tammi	[tammi]
Linde (f)	lehmus	[lehmus]
Espe (f)	haapa	[hα:pα]

Ahorn (m)	vaahtera	[υα:htera]
Fichte (f)	kuusipuu	[ku:si·pu:]
Kiefer (f)	mänty	[mænty]
Zeder (f)	setri	[setri]

Pappel (f)	poppeli	[poppeli]
Vogelbeerbaum (m)	pihlaja	[pihlaja]
Buche (f)	pyökki	[pyøkki]
Ulme (f)	jalava	[jalaυa]

Esche (f)	saarni	[sα:rni]
Kastanie (f)	kastanja	[kastanja]
Palme (f)	palmu	[palmu]
Strauch (m)	pensas	[pensas]

Pilz (m)	sieni	[sieni]
Giftpilz (m)	myrkkysieni	[myrkky·sieni]
Steinpilz (m)	herkkutatti	[herkkutatti]

Täubling (m)	hapero	[hapero]
Fliegenpilz (m)	kärpässieni	[kærpæssieni]
Grüner Knollenblätterpilz	kavalakärpässieni	[kavala·kærpæssieni]

Blume (f)	kukka	[kukka]
Blumenstrauß (m)	kukkakimppu	[kukka·kimppu]
Rose (f)	ruusu	[ruːsu]
Tulpe (f)	tulppani	[tulppani]
Nelke (f)	neilikka	[nejlikka]

Kamille (f)	päivänkakkara	[pæjvæn·kakkara]
Kaktus (m)	kaktus	[kaktus]
Maiglöckchen (n)	kielo	[kielo]
Schneeglöckchen (n)	lumikello	[lumi·kello]
Seerose (f)	lumme	[lumme]

Gewächshaus (n)	talvipuutarha	[talvi·puːtarha]
Rasen (m)	nurmikko	[nurmikko]
Blumenbeet (n)	kukkapenkki	[kukka·peŋkki]

Pflanze (f)	kasvi	[kasvi]
Gras (n)	ruoho	[ruoho]
Blatt (n)	lehti	[lehti]
Blütenblatt (n)	terälehti	[teræ·lehti]
Stiel (m)	varsi	[varsi]
Jungpflanze (f)	itu	[itu]

Getreidepflanzen (pl)	viljat	[viljat]
Weizen (m)	vehnä	[vehnæ]
Roggen (m)	ruis	[rujs]
Hafer (m)	kaura	[kaura]

Hirse (f)	hirssi	[hirssi]
Gerste (f)	ohra	[ohra]
Mais (m)	maissi	[majssi]
Reis (m)	riisi	[riːsi]

25. Verschiedene nützliche Wörter

Anfang (m)	alku	[alku]
Anstrengung (f)	ponnistus	[ponnistus]
Anteil (m)	osa	[osa]
Art (Typ, Sorte)	laji	[laji]
Auswahl (f)	valikoima	[vali·kojma]

Basis (f)	pohja	[pohja]
Beispiel (n)	esimerkki	[esimerkki]
Bilanz (f)	tasapaino	[tasa·pajno]
dringend (Adj)	kiireellinen	[kiːreːllinen]

Effekt (m)	vaikutus	[ʋɑjkutus]
Eigenschaft (Werkstoff~)	ominaisuus	[ominɑjsuːs]
Element (n)	elementti	[elementti]
Entwicklung (f)	kehitys	[kehitys]
Fachwort (n)	termi	[termi]
Fehler (m)	erehdys	[erehdys]

Form (z.B. Kugel-)	muoto	[muoto]
Fortschritt (m)	edistys	[edistys]
Geheimnis (n)	salaisuus	[sɑlɑjsuːs]
Grad (Ausmaß)	aste	[ɑste]

Halt (m), Pause (f)	seisaus	[seisɑus]
Hilfe (f)	apu	[ɑpu]
Ideal (n)	ihanne	[ihɑnne]
Kategorie (f)	kategoria	[kɑtegoriɑ]
Lösung (Problem usw.)	ratkaisu	[rɑtkɑjsu]

Moment (m)	hetki	[hetki]
Nutzen (m)	hyödyllisyys	[hyødyllisyːs]
Pause (kleine ~)	tauko	[tɑuko]

| Position (f) | asema | [ɑsemɑ] |
| Problem (n) | ongelma | [oŋelmɑ] |

Prozess (m)	prosessi	[prosessi]
Reaktion (f)	reaktio	[reɑktio]
Reihe (Sie sind an der ~)	vuoro	[ʋuoro]

| Risiko (n) | riski | [riski] |
| Serie (f) | sarja | [sɑrjɑ] |

Situation (f)	tilanne	[tilɑnne]
Standard-	standardi-	[stɑndɑrdi]
Stil (m)	tyyli	[tyːli]

| Hindernis (n) | este | [este] |
| System (n) | systeemi | [systeːmi] |

Tabelle (f)	taulukko	[tɑulukko]
Tatsache (f)	tosiasia	[tosiɑsiɑ]
Tempo (n)	tempo	[tempo]

| Unterschied (m) | erotus | [erotus] |
| Variante (f) | variantti | [ʋɑriɑntti] |

Vergleich (m)	vertailu	[ʋertɑjlu]
Wahrheit (f)	totuus	[totuːs]
Weise (Weg, Methode)	keino	[kejno]
Zone (f)	vyöhyke	[ʋyøhyke]
Zufall (m)	yhteensattuma	[yhteːn·sɑttumɑ]

26. Adjektive. Teil 1

ähnlich	samankaltainen	[samaŋkaltajnen]
alt (z.b. die -en Griechen)	muinainen	[mujnajnen]
alt, betagt	vanha	[ʋanha]
andauernd	pitkäaikainen	[pitkæ·ajkajnen]
arm	köyhä	[køyɦæ]
ausgezeichnet	mainio	[majnio]
Außen-, äußer	ulkonainen	[ulkonajnen]
bitter	karvas	[karʋas]
blind	sokea	[sokea]
der letzte	viimeinen	[ʋiːmejnen]
dicht (-er Nebel)	sankka	[saŋkka]
dumm	tyhmä	[tyhmæ]
einfach (Problem usw.)	helppo	[helppo]
eng, schmal (Straße usw.)	kapea	[kapeæ]
ergänzend	lisä-	[lisæ]
flüssig	nestemäinen	[nestemæjnen]
fruchtbar (-er Böden)	hedelmällinen	[hedelmællinen]
gebraucht	käytetty	[kæutetty]
gebräunt (sonnen-)	ruskettunut	[ruskettunut]
gefährlich	vaarallinen	[ʋaːrallinen]
gegensätzlich	vastakkainen	[ʋastakkajnen]
genau, pünktlich	tarkka	[tarkka]
gerade, direkt	suora	[suora]
geräumig (Raum)	avara	[aʋara]
gesetzlich	laillinen	[lajllinen]
gewöhnlich	tavallinen	[taʋallinen]
glatt (z.B. poliert)	sileä	[sileæ]
glücklich	onnellinen	[onnellinen]
groß	iso	[iso]
hart (harter Stahl)	kova	[koʋa]
Haupt-	pää-, pääasiallinen	[pæː], [pæːasiallinen]
hauptsächlich	perus-	[perus]
Heimat-	koti-, kotoinen	[koti], [kotojnen]
höflich	kohtelias	[kohtelias]
innen-	sisä-, sisäinen	[sisæ], [sisæjnen]
Kinder-	lasten-	[lasten]
klein	pieni	[pæni]
klug, clever	älykäs	[ælykæs]
kompatibel	yhteensopiva	[yhteːnsopiʋa]
kostenlos, gratis	ilmainen	[ilmajnen]
krank	sairas	[sajras]
künstlich	keinotekoinen	[kejnotekojnen]

kurz (räumlich)	lyhyt	[lyĥyt]
lang (langwierig)	pitkä	[pitkæ]
laut (-e Stimme)	äänekäs	[æ:nekæs]

lecker	maukas	[maukɑs]
leer (kein Inhalt)	tyhjä	[tyhjæ]
leicht (wenig Gewicht)	kevyt	[keʋyt]
leise (~ sprechen)	hiljainen	[hiljɑinen]
link (-e Seite)	vasen	[ʋɑsen]

27. Adjektive. Teil 2

matt (Lack usw.)	himmeä	[himmeæ]
möglich	mahdollinen	[mahdollinen]
nächst (am -en Tag)	seuraava	[seurɑ:ʋɑ]
negativ	negatiivinen	[negɑti:ʋinen]
neu	uusi	[u:si]

nicht schwierig	helppo	[helppo]
normal	normaali	[normɑ:li]
obligatorisch, Pflicht-	pakollinen	[pakollinen]
offen	avoin	[aʋojn]
öffentlich	yhteiskunnallinen	[yhtejskunnɑllinen]

original (außergewöhnlich)	omaleimainen	[omalejmɑjnen]
persönlich	henkilökohtainen	[heŋkilø·kohtɑjnen]
rätselhaft	arvoituksellinen	[arʋojtuksellinen]
recht (-e Hand)	oikea	[ojkeɑ]
reif (Frucht usw.)	kypsä	[kypsæ]

riesig	valtava	[ʋɑltɑʋɑ]
riskant	riskialtis	[riskiɑltis]
roh (nicht gekocht)	raaka	[rɑ:kɑ]
sauber (rein)	puhdas	[puhdɑs]
sauer	hapan	[hapan]
scharf (-e Messer usw.)	terävä	[teræʋæ]

schlecht	huono	[huono]
schmutzig	likainen	[likɑjnen]
schnell	nopea	[nopeɑ]
schön (-es Mädchen)	kaunis	[kaunis]
schwierig	vaikea	[ʋɑjkeɑ]
seicht (nicht tief)	matala	[matɑlɑ]

selten	harvinainen	[harʋinɑjnen]
speziell, Spezial-	erikoinen	[erikojnen]
stark (-e Konstruktion)	tukeva	[tukeʋɑ]
stark (kräftig)	voimakas	[ʋojmɑkɑs]
süß	makea	[makeɑ]
Süß- (Wasser)	makea	[makeɑ]

tiefgekühlt	jäädytetty	[jæ:dytetty]
tot	kuollut	[kuollut]
traurig, unglücklich	surullinen	[surullinen]
übermäßig	liiallinen	[li:allinen]
unbeweglich	liikkumaton	[li:kkumɑton]

undeutlich	epäselvä	[epæseluæ]
Untergrund- (geheim)	salainen	[sɑlɑjnen]
voll (gefüllt)	täysi	[tæysi]
vorig (in der -en Woche)	viime	[ui:me]
vorzüglich	mainio	[mɑjnio]

wahrscheinlich	todennäköinen	[toden·nækøjnen]
weich (-e Wolle)	pehmeä	[pehmeæ]
wichtig	tärkeä	[tærkeæ]
zentral (in der Mitte)	keskeinen	[keskejnen]
zerbrechlich (Porzellan usw.)	hauras	[hɑurɑs]
zufrieden	tyytyväinen	[ty:tyuæjnen]

28. Verben. Teil 1

abbiegen (nach links ~)	kääntää	[kæ:ntæ:]
abbrechen (vi)	lopettaa	[lopettɑ:]
abhängen von …	riippua	[ri:ppuɑ]
abschaffen (vt)	peruuttaa	[peru:ttɑ:]
abschicken (vt)	lähettää	[læɦettæ:]

ändern (vt)	muuttaa	[mu:ttɑ:]
Angst haben	pelätä	[pelætæ]
anklagen (vt)	syyttää	[sy:ttæ:]
ankommen (vi)	saapua	[sɑ:puɑ]
ansehen (vt)	katsoa	[kɑtsoɑ]
antworten (vi)	vastata	[uɑstɑtɑ]

ankündigen (vt)	ilmoittaa	[ilmojttɑ:]
arbeiten (vi)	työskennellä	[tyøskennellæ]
auf … zählen	luottaa	[luottɑ:]
aufbewahren (vt)	pitää, säilyttää	[pitæ:], [sæjlyttæ:]
aufräumen (vt)	siivota	[si:uotɑ]

ausschalten (vt)	katkaista	[kɑtkɑjstɑ]
bauen (vt)	rakentaa	[rɑkentɑ:]
beenden (vt)	lopettaa	[lopettɑ:]
beginnen (vt)	alkaa	[ɑlkɑ:]
bekommen (vt)	vastaanottaa	[uɑstɑ:nottɑ:]

besprechen (vt)	käsitellä	[kæsitellæ]
bestätigen (vt)	vahvistaa	[uɑɦuistɑ:]
bestehen auf	vaatia	[uɑ:tiɑ]

beten (vi)	rukoilla	[rukojlla]
beweisen (vt)	todistaa	[todista:]
brechen (vt)	rikkoa	[rikkoa]

danken (vi)	kiittää	[ki:ttæ:]
denken (vi, vt)	ajatella	[ajatella]
einladen (vt)	kutsua	[kutsua]
einschalten (vt)	sytyttää	[sytyttæ:]
einstellen (vt)	lakata	[lakata]

entscheiden (vt)	päättää	[pæ:ttæ:]
entschuldigen (vt)	antaa anteeksi	[anta: ante:ksi]
erklären (vt)	selittää	[selittæ:]
erlauben, gestatten (vt)	antaa lupa	[anta: lupa]
ermorden (vt)	murhata	[murhata]

erzählen (vt)	kertoa	[kertoa]
essen (vi, vt)	syödä	[syødæ]
existieren (vi)	olla olemassa	[olla olemassa]
fallen (vi)	kaatua	[ka:tua]
fallen lassen	pudottaa	[pudotta:]

fangen (vt)	ottaa kiinni	[otta: ki:nni]
fehlen (am Arbeitsplatz ~)	olla poissa	[olla pojssa]
finden (vt)	löytää	[løytæ:]
fliegen (vi)	lentää	[lentæ:]
fragen (vt)	kysyä	[kysyæ]
frühstücken (vi)	syödä aamiaista	[syødæ a:miajsta]

29. Verben. Teil 2

geben (vt)	antaa	[anta:]
geboren sein	syntyä	[syntyæ]
gefallen (vi)	pitää	[pitæ:]
gehen (zu Fuß gehen)	mennä	[mennæ]
gehören (vi)	kuulua	[ku:lua]

glauben (vt)	uskoa	[uskoa]
graben (vt)	kaivaa	[kajʋa:]
gratulieren (vi)	onnitella	[onnitella]

haben (vt)	omistaa	[omista:]
hassen (vt)	vihata	[ʋiɦata]
helfen (vi)	auttaa	[autta:]
hoffen (vi)	toivoa	[tojʋoa]
hören (vt)	kuulla	[ku:lla]
jagen (vi)	metsästää	[metsæstæ:]

| kaufen (vt) | ostaa | [osta:] |
| kennen (vt) | tuntea | [tuntea] |

klagen (vi)	valittaa	[ʋɑlittɑ:]
können (v mod)	voida	[ʋojdɑ]
können (v mod)	voida	[ʋojdɑ]
kopieren (vt)	kopioida	[kopiojdɑ]

kosten (vt)	maksaa	[mɑksɑ:]
kränken (vt)	loukata	[loukɑtɑ]
lächeln (vi)	hymyillä	[hymyjllæ]
laufen (vi)	juosta	[juostɑ]
lernen (vt)	oppia	[oppiɑ]

lesen (vi, vt)	lukea	[lukeɑ]
lieben (vt)	rakastaa	[rɑkɑstɑ:]
löschen (vt)	poistaa	[pojstɑ:]
machen (vt)	tehdä	[tehdæ]
mieten (Haus usw.)	vuokrata	[ʋuokrɑtɑ]

müde werden	väsyä	[ʋæsyæ]
nehmen (vt)	ottaa	[ottɑ:]
noch einmal sagen	toistaa	[tojstɑ:]
öffnen (vt)	avata	[ɑʋɑtɑ]
prüfen (vt)	tarkastaa	[tɑrkɑstɑ:]
rechnen (vt)	laskea	[lɑskeɑ]

reservieren (vt)	varata	[ʋɑrɑtɑ]
retten (vt)	pelastaa	[pelɑstɑ:]
sagen (vt)	sanoa	[sɑnoɑ]
schaffen (Etwas Neues zu ~)	luoda	[luodɑ]
schießen (vi)	ampua	[ɑmpuɑ]
schlagen (vt)	lyödä	[lyødæ]

schließen (vt)	sulkea	[sulkeɑ]
schreiben (vi, vt)	kirjoittaa	[kirjoittɑ:]
schreien (vi)	huutaa	[hu:tɑ:]
schwimmen (vi)	uida	[ujdɑ]
sehen (vi, vt)	nähdä	[næhdæ]

30. Verben. Teil 3

sich beeilen	olla kiire	[ollɑ ki:re]
sich beeilen	pitää kiirettä	[pitæ: ki:rettæ]
sich entschuldigen	pyytää anteeksi	[py:tæ: ɑnte:ksi]
sich irren	erehtyä	[erehtyæ]
sich prügeln	tapella	[tɑpellɑ]
sich scheiden lassen	erota	[erotɑ]

sich setzen	istua, istuutua	[istuɑ], [istu:tuɑ]
sich treffen	tavata	[tɑʋɑtɑ]
gehorchen (vi)	alistua	[ɑlistuɑ]

singen (vt)	laulaa	[laulɑ:]
spielen (vi, vt)	leikkiä	[lejkkiæ]
sprechen (vi)	keskustella	[keskustellɑ]

sprechen mit ...	puhua	[puhuɑ]
stehlen (vt)	varastaa	[ʋɑrɑstɑ:]
sterben (vi)	kuolla	[kuollɑ]
stören (vt)	häiritä	[hæjritæ]
tanzen (vi, vt)	tanssia	[tɑnssiɑ]
tauchen (vi)	sukeltaa	[sukeltɑ:]

täuschen (vt)	pettää	[pettæ:]
teilnehmen (vi)	osallistua	[osɑllistuɑ]
trinken (vt)	juoda	[juodɑ]
trocknen (vt)	kuivata	[kujʋɑtɑ]
übersetzen (Buch usw.)	kääntää	[kæ:ntæ:]
unterschreiben (vt)	allekirjoittaa	[ɑllekirjoittɑ:]

verachten (vt)	halveksia	[hɑlʋeksiɑ]
verbieten (vt)	kieltää	[kjeltæ:]
vergessen (vt)	unohtaa	[unohtɑ:]
vergleichen (vt)	verrata	[ʋerrɑtɑ]
verkaufen (vt)	myydä	[my:dæ]
verlangen (vt)	vaatia	[ʋɑ:tiɑ]

verlieren (Regenschirm usw.)	kadottaa	[kɑdottɑ:]
verneinen (vt)	kieltää	[kjeltæ:]
versäumen (vt)	olla poissa	[ollɑ pojssɑ]
verschwinden (vi)	kadota	[kɑdotɑ]
versprechen (vt)	luvata	[luʋɑtɑ]
verstecken (vt)	piilotella	[pi:lotellɑ]

verstehen (vt)	ymmärtää	[ymmærtæ:]
versuchen (vt)	yrittää	[yrittæ:]
vertrauen (vi)	luottaa	[luottɑ:]
verzeihen (vt)	antaa anteeksi	[ɑntɑ: ɑnte:ksi]
voraussehen (vt)	odottaa	[odottɑ:]
vorschlagen (vt)	ehdottaa	[ehdottɑ:]

wählen (vt)	valita	[ʋɑlitɑ]
warten (vi)	odottaa	[odottɑ:]
weinen (vi)	itkeä	[itkeæ]
wissen (vt)	tietää	[tietæ:]
Witz machen	vitsailla	[ʋitsɑjllɑ]
wollen (vt)	haluta	[hɑlutɑ]
zahlen (vt)	maksaa	[mɑksɑ:]

zeigen (jemandem etwas)	näyttää	[næyttæ:]
zu Abend essen	illastaa	[illɑstɑ:]
zu Mittag essen	syödä lounasta	[syødæ lounɑstɑ]
zubereiten (vt)	laittaa ruokaa	[lɑjttɑ: ruokɑ:]

zustimmen (vi)	**suostua**	[suostuɑ]
zweifeln (vi)	**epäillä**	[epæjllæ]

www.ingramcontent.com/pod-product-compliance
Lightning Source LLC
Chambersburg PA
CBHW060028050426
42448CB00012B/2906